ISBN : 978-2-259-19785-4

Jean-Pierre Coffe
Alain Baraton

La véritable histoire des jardins de Versailles

PLON

Avant-propos

Qui peut comprendre Versailles ? Comment analyser les motivations aussi opposées de Louis XIV, Louis XV et Marie-Antoinette ? Seuls ces trois personnages ont marqué le domaine d'un sceau personnel et indélébile. On peut évoquer Louis XIII, Napoléon Ier ou Louis-Philippe mais leur empreinte n'est pas comparable. À l'exception du premier cité, sans lequel rien ne serait. On oublie trop souvent que sans le fils d'Henri IV, pas de château et pas de jardins. L'embryon des jardins à la française avec lesquels Le Nôtre fera ses choux gras, nous le devons aux jardiniers de Louis XIII.

Pendant des années, j'ai visité tout ou partie du domaine. Chaque fois, j'ai été bouleversé par la beauté, l'élégance des bâtiments et des jardins, mais surtout par la densité, la plénitude de leur harmonie. Sans dénier toutefois quelque agacement devant tant de perfection et une réserve : la rigueur de l'ordonnancement qui prive tristement Versailles de chaleur humaine. Je ne ressentais nullement l'insouciance, la frivolité que les récits d'époque et les livres d'Histoire évoquaient pour moi.

Il a fallu la tempête de 1999 pour que Versailles vive, souffre, s'humanise enfin. Cette transformation des hommes et des lieux a duré quelques jours. Tout était fragile, émouvant. Hubert Astier, Pierre-André Lablaude, Alain Baraton – président, architecte en chef, jardinier – étaient désemparés, incrédules. Comment la Nature que Louis XIV prétendait soumettre pouvait-elle les surprendre ainsi, si soudainement et avec une telle violence ?

Les premières interviews à chaud (j'ai encore les bandes) en témoignent : incompréhension, étonnement, stupéfaction même. Le désordre – du moins, affiché – n'est pas dans la tradition du château !

Pendant cette courte période, avant que la folie médiatique ne fasse perdre leur spontanéité aux uns et aux autres, le malheur et la vulnérabilité qui en découle étaient quasiment palpables. Tout, dans le domaine, devenait humain, vrai, sincère. Oubliés la famine du peuple devant tant de luxe, les morts d'homme pour satisfaire les folies royales, les caprices d'une reine et son mépris de la botanique...

Comme j'ai aimé Versailles dans ces moments-là, le parc à moitié anéanti, les hommes incrédules !

Ma vision du Versailles figé, inabordable et solennel, a changé, oserais-je l'avouer, grâce à la tempête. Je me suis posé des questions. Avant ces lieux superbement ordonnancés, qu'y avait-il ? Qui a vraiment fait quoi ? L'esthétique a-t-elle toujours été privilégiée au détriment de la botanique ?...

Grâce à Alain Baraton, j'ai pu trouver des réponses concernant le passé. Qu'il en soit remercié. Mais l'avenir des domaines historiques, le manque de personnel compétent pour les entretenir, le prix exorbitant pour y avoir accès, la législation fiscale des pépiniéristes et obtenteurs sont des problèmes sans réponses satisfaisantes pour le moment.

Profitons des bienfaits de la tempête qui a permis la restauration du domaine, émerveillons-nous devant la beauté retrouvée des jardins, sans jamais oublier combien la Nature est violente dès qu'on lui manque de respect. Tirons-en des enseignements pour notre comportement quotidien à son égard.

Jean-Pierre Coffe

Chapitre 1

Avant Versailles

La véritable histoire des jardins de Versailles

Avant Versailles

Le domaine de Versailles, en 2007, s'étend sur 850 hectares. Trois secteurs principaux : les jardins du château, appelés Jardins du roi sous Louis XIV, le Grand Parc et le domaine de Trianon, auxquels il faut ajouter le potager du roi et l'actuel arboretum de Chèvreloup, indépendant, mais qui à l'origine faisait partie intégrante des terres royales.

Avant Versailles tel que nous le connaissons maintenant, qu'y avait-il ? Comment était-ce ?

Nous savons que Versailles est le nom d'une famille dont les terres couvraient une partie du département actuel des Yvelines et qui s'éteignit au XVe siècle – Jean, le dernier des Versailles, mourut en 1464.

Ce nom apparaît pour la première fois en 1038 dans un document officiel, une charte d'un certain Odon, comte de Chartres, où il est fait mention de Hugo de Versaliis. On le retrouve en 1075 dans un acte notarié de Philippe Ier. En suivant la trace de sa descendance, on découvre en 1272, Gilles, seigneur de Versailles, vendeur à l'abbé de Saint-Germain du village de Trianon.

Arrivée de Louis XIV précédé des gardes du corps en vue de l'ancien château de Versailles. Huile sur toile de Adam Frans Van der Meulen (vers 1669).

Plan du premier
château
de Versailles.

Versailles était alors un petit bourg réputé pour son marché bovin. Quant au village de Trianon, il sera rasé beaucoup plus tard sur ordre de Louis XIV.

Le plus vieux bâtiment de Versailles, peut-être même de la région, serait la ferme de Gally, dont certains éléments d'origine datent du XIe siècle. Propriété de l'abbaye parisienne de Sainte-Geneviève, elle abritait des moines qui, bien avant l'arrivée de Louis XIII, eurent mission dans les années 1000 de défricher l'ensemble de la contrée et de l'assécher pour permettre sa mise en culture. La ferme de Gally exploite les terres avoisinantes et devient domaine royal lorsque Louis XIV s'installe à Versailles. Elle sera vendue à la Révolution puis rachetée par Napoléon en 1806. Cette ferme existe toujours. On peut la voir au-delà du Grand Canal et de l'Étoile royale, en bordure du Grand Parc.

Versailles ne tardera pas à intéresser les *beautiful people*. En 1573, Jean-François de Gondi, archevêque de Paris et mignon de Catherine de Médicis, souhaite acquérir les terres de Versailles pour agrandir le domaine qu'il y possède déjà. Martial de Loménie, financier de Charles IX et propriétaire des lieux, refuse de vendre.

Pour satisfaire son protégé, Catherine de Médicis fait étrangler Loménie. Pas de meilleur moyen pour récupérer les terres d'un vendeur récalcitrant. L'objectif est atteint, Gondi acquiert en 1575 les terres convoitées pour 35 000 livres, une somme considérable pour l'époque. À titre de comparaison, dans son livre *Versailles*, paru en 1988, Joseph Barry indique qu'une maison paysanne, deux fenêtres, deux portes, une pièce, une cheminée, coûte 20 livres en 1672. Les héritiers de Loménie ne se font pas prier pour abandonner le domaine.

Albert de Gondi, cardinal de Retz, neveu de Jean-François, possède lui aussi un domaine dans le coin. Henri de Navarre, futur Henri IV, y fait étape en 1589 lorsqu'il mène ses troupes à Paris, au mois de juillet, pour aider son cousin Henri III à faire le siège de la capitale alors aux mains de la Ligue et mater la révolte du parti catholique qui préparait le renversement du roi et le transfert de la Couronne à la maison de Guise.

Séduit par la région, Henri IV devenu roi y reviendra fréquemment avec son fils, le jeune Louis. C'est là qu'il l'initiera à l'art de la chasse au vol le 24 août 1607. Louis XIII gardera longtemps un souvenir ému de cette journée.

Sitôt sacré, Louis XIII prend possesion de son héritage

Lorsqu'il succède à son père sur le trône de France, Louis XIII a pris goût à Versailles. Proche de Paris et facile d'accès depuis Saint-Germain, résidence habituelle des rois quand ils ne sont pas dans la capitale, l'endroit est plaisant, les bois giboyeux, peuplés de renards, cailles, perdreaux, cerfs… Le roi y vient chasser, il dîne à « l'hostel où pend pour enseigne l'écu », établissement si modeste que plus tard Saint-Simon le qualifiera de « très misérable cabaret ». Mais – inconvénient majeur – il n'y dispose point de logement digne d'un monarque.

Louis XIII décide d'aménager son nouveau domaine. En 1623, il acquiert trois hectares de terres et ordonne la construction d'un petit pavillon de chasse sur la butte du moulin à vent, proche de Versailles. L'affaire est rondement menée. Le 10 septembre, un appel d'offres est lancé par le surintendant des Bâtiments du roi. Nicolas Huau est chargé de la construction et pose les premières pierres. Quelques mois plus tard, autour de la bâtisse, est creusé

Pavillon de chasse de Louis XIII. Gravure d'Israël Silvestre (XVIIe siècle).

un fossé, puis on aménage une cour, des écuries, des offices. On installe près de la demeure le « jardin de derrière les offices » et le « petit jardin du concierge ». Le 9 mars 1624, neuf mois après qu'il a pris la décision de construire, Louis XIII couche pour la première fois dans son petit château, et Versailles entre dans l'Histoire.

Le 23 mars 1624, deux semaines après sa première nuit, Louis XIII agrandit le domaine et achète à Jean-François de Gondi de nouvelles terres, là où s'élève le moulin.

La transaction s'établit à 1 500 livres, à charge pour Gondi de démolir le moulin car le roi veut récupérer les pierres pour entreprendre d'autres constructions sur le domaine. Gondi sera payé rapidement. Ce n'est pas toujours le cas. Le roi a coutume de tarder à payer ses dettes, et il faut parfois patienter dix ans pour toucher son dû. On cite le cas d'une certaine Charlotte Nicolas qui vendra au monarque, vers 1632, un terrain de 3,50 arpents

(1 arpent égale 0,422 hectare) situé juste derrière le canal. Elle ne sera jamais payée.

L'obsession du roi : agrandir son domaine

Rois de France, présidents de la République, même combat, rien ne change dans les transactions entre l'État et les citoyens.

La construction est modeste, le pavillon de chasse est de petite taille, aucun rapport avec les imposantes résidences royales : Saint-Germain-en-Laye, le Louvre ou Fontainebleau.

En 1627, le maréchal de Bassompierre s'étonne publiquement devant une assemblée de notables de la simplicité de la demeure royale dont la façade n'excède pas 35 mètres : « Sa Majesté n'est point portée à bâtir et les finances de la France ne seront pas épuisées de la construction duquel un simple gentilhomme ne voudrait pas prendre vanité. » Ce maréchal de France est un gentilhomme lorrain qui partage avec Louis XIII la passion de la chasse. Il est le seul à avoir le privilège de souffler dans le cor du roi car, d'après Saint-Simon, il serait le seul à pouvoir le faire sans y baver.

Le roi aime Versailles, il s'y réfugie souvent et n'a de cesse d'agrandir son domaine. Il achète, annexe, récupère quantité de lieux-dits : la Motte, la Maladrerie, l'Espace Vinet, la Longue Raye, Hochecorne, le Pré Sainte-Catherine, Sous le Moulin… Le bourg, lui aussi, s'agrandit rapidement – il passera de 500 à 7 000 habitants à la fin du règne. La présence du roi et d'une suite toujours nombreuse attire quantité de badauds et de commerçants. De nouvelles auberges s'ouvrent : l'hostellerie du Cygne, les hôtels du Croissant et de la Croix blanche. Il faut loger la suite royale

– les bâtiments du roi ne le permettent pas – ainsi que les artisans qui travaillent à la construction et à l'embellissement du pavillon de chasse et de ses annexes.

Les champs de labour se transforment en jardins dignes d'un roi. Un premier carré est créé. Les carrés sont des espaces cultivés aux formes régulières et plantés avec densité – ceux de Versailles sont plantés de buis. Les carrés de Louis XIII ne se visitent pas, l'accès du domaine est interdit. Le premier mis en place est baptisé carré de Mouffle, du nom d'un planteur de buis versaillais. L'année suivante, le même Jean Mouffle installe trois nouveaux carrés, le carré Saint-Hubert, le carré de l'Étang et le carré de Bonne Nouvelle. Il est assisté par Jean Maignan, planteur de buis lui aussi, venu de Noisy. Ces carrés changeront de nom sous Louis XIV, on les appellera bosquets, ils permettront la promenade à l'ombre et l'aménagement de chambres de verdure, de labyrinthes ou de monuments architecturaux.

Apparaît alors Jacques Boyceau de La Barauderie : il procède à la plantation de six autres carrés et les fera encadrer de haies de charmilles quelques années plus tard. Notez ce détail : ces haies de charmilles qui ont fait la gloire de Le Nôtre sous Louis XIV sont déjà mises en place dans le premier jardin du roi Louis XIII.

Louis XIII se plaît de plus en plus dans sa retraite de Versailles. En 1629, il ordonne la construction d'un chenil et de deux jeux de paume. Le jeu de longue paume qui se pratique en plein air est situé derrière le chenil. Le jeu de courte paume se joue en salle, près de l'église du vieux village. Ce bâtiment est surnommé le tripot. Le mot vient du verbe tripoter qui signifie jouer au jeu de paume. Ce terme ne deviendra péjoratif qu'au XVIIIe siècle.

La même année, toujours en 1629, Thomas Francine, intendant des Fontaines du roi, est chargé de faire venir l'eau au château construit sur une hauteur où le forage de puits est difficile, voire impossible. Grâce au génie de Francine, les eaux vives du Chesnay, ville séparée du domaine par la route de Saint-Germain, sont détournées et conduites par des pierrées jusqu'à Versailles. Tous les cent mètres, un regard recueille l'eau pour la redistribuer. La technique est efficace, l'eau coule dans les cours et les jardins.

Compte tenu de la frénésie acheteuse qui s'empare de Louis XIII à partir de 1631, on peut affirmer que le maréchal de Bassompierre n'avait pas vraiment *la vista*.

L'hydraulique débarque au château

À partir des trois hectares achetés en 1623, le roi se retrouve en 1632 avec un domaine de 170 hectares. Entre 1631 et 1632, il paraphe plus de vingt-six contrats de vente ou d'échange ; certains ne portent que sur un arpent ou un demi-arpent. Il veut toujours plus et n'hésite pas à acheter les terres de la Seigneurie de Versailles que lui cède l'archevêque de Paris, le 8 avril 1632, moyennant 66 000 livres. Rien de prestigieux, mais des terres labourables et la grande ferme de la Grange Lessart.

Cette extension lui permet d'aménager un potager, situé à l'emplacement de l'actuel parterre du Midi, et, à proximité, un nouveau carré, de houx, cette fois. Ce carré (ou bosquet) sera très apprécié par Louis XIV lors de son installation à Versailles. Il l'appelait son « Bois vert ». Toutefois, Louis XV n'hésitera pas à le supprimer pour agrandir le parterre de l'Amour, devenu plus tard parterre du Midi.

Le roi veut un verger car il n'est pas de grande propriété sans verger. On plante donc des arbres fruitiers. Vraisemblablement déjà grands puisqu'ils sont rapidement en production. Louis XIII en est très fier, il offre des pommes, des poires et autres douceurs au cardinal de Richelieu.

Le domaine prend de l'ampleur, les bâtiments aussi. Dès 1631, le roi considère que sa demeure est modeste, trop modeste. Aussi charge-t-il Philibert Le Roy, son architecte, de nouveaux aménagements. Le corps principal du pavillon de chasse est agrandi. Les années suivantes, on aménage les ailes et on y accole deux pavillons.

Le roi aime se reposer dans son petit château après des journées de chasse dans les bois de Vaucresson ou de Marly. Il veut embellir Versailles. En 1632, sont aménagés une terrasse et un escalier permettant d'accéder au parterre dessiné par Jacques Boyceau. Un parterre magnifique, tout en broderie de buis, avec, en son centre, un bassin de grès alimenté en eau grâce à une pompe actionnée par un cheval. Notez à nouveau que ce parterre en broderie est antérieur aux créations de Le Nôtre qui à cette date ne s'intéresse pas encore au jardinage. Le successeur de Boyceau sera son neveu et disciple Jacques de Menours qui travaille à ses côtés depuis longtemps. Après la mort de Jacques de Menours, le roi choisira Claude Mollet pour prendre la relève en 1639.

De part et d'autre du château, on sème du gazon. Le parc fait déjà l'admiration des rares visiteurs autorisés à le visiter.

Malheureusement, si le château est sur la hauteur, les terres environnantes sont humides. Il faut donc les

Arrivée de Louis XIV précédé des gardes du corps en vue de l'ancien château de Versailles. Huile sur toile de Adam Frans Van der Meulen (vers 1669).

drainer. Pour capter les eaux indésirables et embellir la propriété, on creuse, face au château, un grand bassin de 117 mètres sur 78 mètres, qu'on appelle d'abord le Canal puis le Rondeau. La pièce d'eau est encore visible aujourd'hui sous le nom de bassin d'Apollon.

Il semble que Louis XIII devienne insatiable. Il continue d'acquérir terres et hameaux. En 1641, le roi achète pour 3 700 livres des terres boisées à Villacoublay et au Cerf-Volant, deux hameaux proches du domaine. Ce seront ses dernières acquisitions.

En 1643, Louis XIII s'éteint au château de Saint-Germain-en-Laye à l'âge de quarante-deux ans. Son héritier disposera du domaine royal de 312 hectares. Ne boudons pas notre plaisir : en 1623, rien, en 1643, vingt ans plus tard, 312 hectares. Il est vrai que disposer de la cassette royale facilitait grandement les acquisitions.

Louis XIII mort, le domaine de Versailles est délaissé jusqu'à la venue de son fils, le 18 avril 1651. Louis XIV a treize ans, il chasse à Versailles pour la première fois et découvre la demeure préférée de son père. L'année suivante, le 27 avril 1652, il vient visiter son nouveau domaine en compagnie de sa mère Anne d'Autriche ; le 25 octobre 1660, quelques mois seulement après son mariage avec Marie-Thérèse, il revient.

Plusieurs fois par an, le jeune roi vient s'adonner à son activité favorite, la chasse, en compagnie de son frère ou du cardinal de Mazarin.

Le 9 mars 1661, Mazarin meurt, le roi décide de gouverner par lui-même. Il garde un souvenir amer des troubles de la Fronde, veut quitter Paris et décrète que Versailles sera sa résidence.

Les terres de Versailles sont inhospitalières, la contrée extrêmement humide, parcourue par un enchevêtrement de rus et de petits bassins – en celte, Yvelines signifie « abondance de ressources en eau » –, mais Louis XIV ne doute pas de sa capacité à dompter la nature. Malgré un environnement marécageux, il décide la construction de *son* château à la place du château de son père. Il impose toutefois que le petit bâtiment de brique rouge qui correspond au centre du château actuel soit préservé. C'est à partir de ce pavillon que les extensions sont ordonnées de part et d'autre.

Ce sera la première fois qu'en France on construit un château de cette importance loin d'un fleuve ou d'un de ses affluents principaux. Les grandes demeures sont proches de la Loire, le Louvre est sur les berges de la Seine, Versailles devra se contenter du ru de Gally, bien

Vue du château de Versailles en 1668. Huile sur toile de Pierre Patel (XVIIe siècle).

mince filet d'eau comparé aux sources d'alimentation des autres domaines royaux.

On pourrait dater précisément la folie mégalomaniaque de Louis XIV du 17 août 1661 quand il découvre les splendeurs de son surintendant Fouquet à Vaux-le-Vicomte. Sa jalousie est excitée, l'envie de revanche s'empare de lui, il veut effacer par ses propres réalisations monumentales le souvenir de ce qu'il a vu à Vaux.

Après l'arrestation de Nicolas Fouquet par d'Artagnan, à Nantes le 5 septembre 1661 le roi donne ordre à Colbert d'entreprendre des travaux gigantesques, non seulement à Versailles, mais aussi au Louvre, aux Tuileries, à Fontainebleau et à Saint-Germain-en-Laye. Toutes ses propriétés doivent acquérir un faste digne de lui.

À Versailles, André Le Nôtre et Louis Le Vau ont carte blanche pour embellir l'intérieur du château, dresser des plans des agrandissements et nouvelles commodités, dessiner les jardins. Il faut faire vite, le roi l'exige et surveille lui-même l'avancement des travaux.

Versailles est le séjour favori du monarque : parties de chasse, promenades, spectacles et fêtes plus somptueuses les unes que les autres se succèdent avant même que les travaux ne soient terminés.

Des sommes colossales sont englouties pour la rénovation du château de Louis XIII et la création du Grand Parc. On parle de 1 657 000 livres au cours des seules années 1664, 1665 et 1666. Colbert s'inquiète devant ces dépenses démesurées, il souhaite endiguer les gaspillages et nomme à cet effet le sieur Poti dès 1663, avec charge d'espionner et rendre compte des exigences du roi à chacune de ses visites.

Non seulement Louis XIV agrandit, non seulement il bâtit, mais il continue d'acheter des terres, beaucoup de terres. Et aussi des fermes, à Choisy-aux-Bœufs, à Gally, à Noisy, à La Tuilerie, à Bois-d'Arcy. Il se porte acquéreur de bois, de marais et devient propriétaire des seigneuries de Marly-le-Bourg, Villepreux, Louveciennes, Guyancourt, Buc, Voisins, Saint-Cyr et bien d'autres encore.

Il semble qu'il ne puisse être rassasié.

En 1699, le roi prend possession de la plaine de Chèvreloup qu'il entoure d'un mur. C'est l'actuel arboretum de Chèvreloup.

Que le Trésor soit ponctionné pour agrandir et embellir le domaine royal, soit ! Mais peut-on imaginer les tourments considérables qu'endurent les populations. Le roi veut ses terres nues. On expulse sans ménagement des familles, on détruit des villages – ceux de Trianon et Choisy-aux-Bœufs, récemment acquis, sont rasés.

Le roi ne supporte aucune entrave, ses caprices ont force de loi. Tout lui est permis, il est le roi. Le verger royal a une forme irrégulière ? Qu'importe, on lui donne des proportions plus harmonieuses en l'augmentant de trois arpents (1,27 hectare).

À l'apogée du règne de Louis XIV, le domaine de Versailles, beaucoup plus vaste qu'aujourd'hui – 8 300 hectares contre 850 –, était clos de murs sur 43 kilomètres de long. Ces murs percés de 22 portes monumentales entouraient les communes de Buc, Saint-Cyr et Marly. Peut-on imaginer le nombre d'ouvriers engagés, la pénibilité du travail, le long chemin parcouru par les pierres, pour le bon plaisir du roi ?

Le domaine existe, c'est Versailles. ■

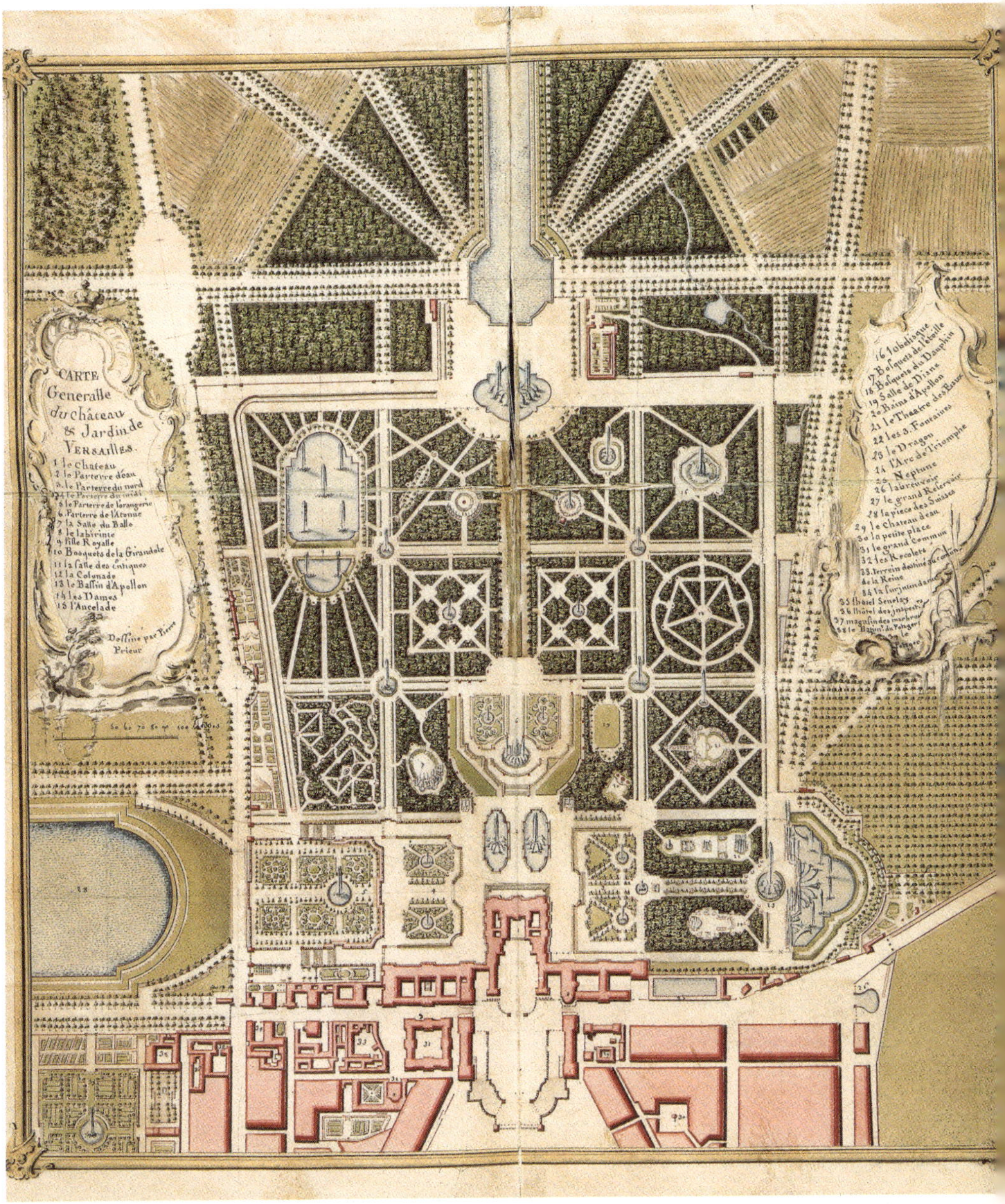

Carte générale du château et des jardins de Versailles vers 1732.
Plan aquarellé de Pierre Prieur (XVIIIe siècle).

Chapitre 2

Le Grand Parc

Le Grand Parc

Le Grand Parc, comme nous l'entendons aujourd'hui, composé essentiellement de la partie forestière qui entoure le Grand Canal, était en fait le Petit Parc de Louis XIV. Le domaine de Versailles couvrait alors dans son ensemble 6 614 hectares, plus de 8 000 hectares à son apogée.

Le parc de Louis XIII présentait déjà les premiers caractères d'un jardin « à la française » : si les immenses perspectives n'existaient pas encore, on en devinait les prémices dans les grandes allées qui partaient du château. Les carrés d'alors étaient souvent peuplés de bouleaux et les allées encadrées de pins.

En 1661, à la mort de Mazarin, Louis XIV inaugure son règne personnel. Il ordonne les premiers travaux d'agrandissement et d'embellissement du château, sans se laisser arrêter par les mauvaises conditions du terrain, s'octroyant « ce plaisir superbe de forcer la nature », comme le dit joliment Saint-Simon.

Vue du château depuis l'Etoile royale.

Grand chasseur, il entreprend de créer un écrin forestier afin de permettre au gibier d'évoluer librement. Il n'y a rien : des marécages, des champs qui n'ont jamais été entretenus, ni sous le règne de son père ni pendant la régence de sa mère Anne d'Autriche. Autour de ce qu'on appelait alors le Canal, puis le Rondeau, l'environnement est sinistre, peu boisé, composé de saules et d'aulnes attestant de l'humidité des terres. On sait que le chemin allant à Trappes (ancienne nationale 10) était entièrement tapissé de genêts.

Louis XIV est un homme pressé. Exigeant. Il veut tout, tout de suite, tout en même temps : un château, un jardin, un parc, une forêt pour chasser. Tout est donc mis en œuvre aussitôt pour exaucer les volontés du monarque.

Il est hors de question de transplanter les arbres des forêts avoisinantes, elles doivent conserver leur densité végétale pour abriter le gibier qui s'y reproduit et qui s'installera plus tard dans les forêts en devenir – d'ailleurs en 1679, Louis XIV fera interdire les prélèvements d'arbres sur les domaines royaux. Il faut donc arracher en province des arbres jeunes pour les replanter à Versailles : sycomores (érables appelés aussi faux platanes), châtaigniers, ormes, hypreaux (ormes à larges feuilles), charmes, aulnes, frênes, boulins (bouleaux), peupliers blancs, tillots (tilleuls), épines blanches (aubépines), cerisiers... Avec un grand souci dans le choix des variétés et des couleurs. Une sorte de fièvre planteuse s'empare du royaume, on parcourt la France et l'Europe pour trouver des arbres. Dès 1668, Gilles Loistron dit Ballon se rend en Flandre pour sélectionner pour le roi des « tillots » et des ormes qui parviendront à Versailles trois ans plus tard. Il est payé pour ce travail 1 317 livres et a l'honneur de créer la pépinière du Roule en 1669. La même année, Octavien file à Grenoble, il y achète 4 000 pieds d'épicéas provenant des montagnes du Dauphiné qui seront replantés deux ans plus tard ; il fournira aussi le domaine en houx et en genévriers prélevés en forêt de Fontainebleau. En 1671, on arrache des chênes et des ifs dans les forêts normandes. La transplantation des gros sujets occasionne des pertes importantes. Aussi décide-t-on de privilégier les plants plutôt que les arbres. Ces plants sont d'abord installés dans des pépinières aux environs de Versailles.

Saut-de-loup.

Chapitre 2

Les pépinières

Les pépinières

Les pépinières n'ont rien de nouveau, elles existent depuis l'Antiquité. On y mettait en culture les graines et – c'est l'origine du mot – les pépins des arbres fruitiers. Elles ne se présentaient pas telles que nous les connaissons aujourd'hui, il s'agissait de sites simples où l'on rassemblait les végétaux prélevés en pleine nature pour les tailler, les diriger, leur donner une forme particulière. Elles servaient également à recueillir des plantes originaires de contrées lointaines avant qu'elles soient installées à l'emplacement choisi généralement par le monarque.

Devant une telle affluence de plantes de toutes sortes et de toutes provenances, il est nécessaire de créer des pépinières à Versailles, dans l'enceinte du domaine, mais également dans les environs. La pépinière du Roule, créée en 1669 à Paris, a pour vocation première de recevoir et d'acclimater les plantes livrées par les botanistes et les explorateurs au retour de leur mission – elle recueille notamment les orangers prélevés sur le pourtour méditerranéen. Située à proximité des actuels Champs-Élysées, elle fournit toutes les résidences royales. Antoine Trumel en est le patron, il gère également les diverses

L'orangerie de la pépinière de Trianon.

pépinières de Versailles ; c'est un homme dont l'activité est considérable : il élève des plants d'aulnettes, de frênes, de tilleuls de Hollande, de cerisiers, d'épines blanches, de charmilles, de marronniers, d'ormes, de cyprès et de bien d'autres variétés.

Les pépinières des Champs-Élysées

La pépinière du Roule a prospéré sous le règne de Louis XV, on a continué à y produire et élever les arbres des parcs et jardins royaux, et on y a cultivé également des fleurs, des plantes vivaces. La Révolution n'a pas perturbé ses activités puisqu'il y est encore produit quelque 50 000 plants. Il faut attendre 1826 pour qu'elle cesse ses activités à cause de ses coûts de fonctionnement très élevés, mais surtout par suite de l'urbanisation de la capitale et de la disparition des exigences royales.

Les pépinières de Versailles, telles qu'elles ont été instaurées sous Louis XIV et Louis XV, ont perduré jusqu'au règne de Charles X qui les a réorganisées. À cette époque, on en conserve trois : la pépinière de Chèvreloup devenue arboretum, aujoud'hui affectée au Muséum national d'histoire naturelle, la pépinière de l'Hermitage, en bordure du domaine, et la pépinière de Trianon ; ces trois pépinières représentaient 28 hectares de plantations. Leur activité était encore importante puisque, en 1875, la pépinière de l'Hermitage fournissait 9 136 végétaux pour les jardins de Versailles, 723 pour le Grand Parc et 7 596 pour les jardins de Trianon. Elles fournissaient également les jardins des Tuileries, de l'Élysée et du Palais-Royal, Saint-Cloud, La Malmaison, Rambouillet et Marly, ainsi que différents ministères. Cette année-là, 28 835 sujets ont été transplantés. Il faut attendre 1969 pour qu'elles soient définitivement et tristement abandonnées.

Mais revenons au temps de Louis XIV.

La fièvre règne, il faut aller plus vite que la nature. En 1682, on laboure quatre hectares d'allées pour y semer des glands ; on fait de même dans les avenues de Versailles. Il faut de la place pour replanter les trois millions de glands qui ont été ramassés dans la forêt de Compiègne. D'autant qu'en 1685 la même opération se renouvelle à Compiègne : 3 520 mines de glands – la mine est la mesure utilisée pour les grains et les matières sèches, elle correspond à 78 litres –, soit 253 500 litres de glands à ressemer avant la replantation. La forêt de Lyons, dans l'Eure, est mise à contribution : 4 millions de plants de hêtres, 2 800 000 plants de charmilles et 600 000 plants de saules.

Les années suivantes, on installe dans les pépinières 176 000 plants de chênes pour garnir les bosquets forestiers et 174 000 autres chênes destinés à ceinturer le Grand Parc. On a du mal à imaginer la frénésie des hommes encouragée par la mégalomanie royale déniant la nature.

En 1688, c'est en Artois qu'on récupère 25 000 arbres de grande taille qu'il faut convoyer jusqu'à la pépinière du Roule avant de les replanter dans les jardins de Versailles.

À cette époque, le marronnier est à la mode, il en faut donc immédiatement à Versailles, et des grands. On en achète 585 la première année, en 1688, et 4 000 les années suivantes. On achète également des cyprès, des arbres fruitiers, des noyers, des épines, des mûriers, des frênes, des châtaigniers, des buis, des saules, des platanes.

La Cour est émerveillée par les travaux engagés, et dans une de ses *Lettres*, Mme de Sévigné s'extasie devant « des forêts toutes venues » qui naissent à Versailles.

L'aboutissement de ces travaux est d'autant plus extraordinaire que, hormis les petits plants ou les plantations en pépinière, de grands arbres sont acheminés jusqu'au parc. Certaines espèces dépassent dix mètres de haut ; elles étaient choisies essentiellement dans les bois bordant les rivières, à proximité des cours d'eau qui favorisent le transport. De lourds équipages, tractés par des bœufs, arrivent chaque jour dans les jardins. Malgré les soins apportés à ces géants déracinés, bien peu survivront.

Le métier de jardinier devient rentable, aussi éveille-t-il des vocations. Jean Maheu semble avoir tout compris. Il récupère dans les bosquets du Petit Parc de jeunes ormes issus de ceux plantés sous Louis XIII, ainsi que des chênes et des sycomores, et il plante des graines d'ormilles. Il exploite sur le domaine près de vingt hectares de pépinières. Malgré cette filouterie, comme il a du talent, la qualité de son travail est reconnue, il sera nommé inspecteur des Pépinières du roi.

Si le métier de jardinier peut s'apprendre sur la durée, celui de pépiniériste ne s'improvise pas. Les règles sont strictes. Des marchés sont lancés, des devis exigés, et des cahiers des charges sont établis, précis et détaillés. Si le roi ne compte pas, les responsables des finances sont contraints de se pencher sur ses dépenses somptuaires. On va très loin dans les exigences, ainsi dans un cahier des charges de l'époque il est précisé ceci : « Il faut faire les premiers labours des grands plants de six pieds de large avec des besches partout où il se pourra et le sur-

L'allée de Fontenay.

plus avec des houës [...]. Faire les seconds labours au mois de juillet avec des serfouettes pour faire mourir les herbes. » On n'a rien inventé depuis.

Versailles ne possède plus de pépinières aujourd'hui, il faut donc acheter à l'extérieur arbres et arbustes. Les règles des marchés publics sont rigoureuses, appliquées méticuleusement, et des appels d'offre sont régulièrement lancés pour désigner les fournisseurs.

Il faut déplorer que les entreprises allemandes emportent la quasi-totalité des marchés. Leur succès n'a rien à voir avec la qualité des arbres qu'elles proposent, même si les livraisons, reconnaissons-le, sont généralement satisfaisantes.

Honte : la France ne produit plus assez d'arbres d'alignement

Le problème est ailleurs et ne concerne pas seulement Versailles. La législation française n'encourage pas le commerce des végétaux. Contrairement à leurs collègues allemands, nos pépiniéristes sont imposés sur leur stock : un arbre invendu continue de prospérer et prend de la valeur mais, chaque année, l'impôt sur la valeur de l'arbre en stock est augmenté de la valeur ajoutée depuis sa plantation. Cette mesure les empêche de constituer des réserves et de fournir les sujets moyens ou grands, nécessaires à la reconstitution des parcs ou des alignements, notamment quand une catastrophe intervient, comme ces tempêtes des dernières années du XXe siècle.

Un accommodement fiscal est indispensable si on veut conserver à notre pays un minimum de savoir-faire botanique. Par la même occasion on pourrait, afin de créer une saine émulation entre le privé et le public, reconstituer de vastes pépinières nationales qui permettraient de mettre en perspective les besoins des domaines et d'élever dans la grande tradition française des sujets qui pourraient ensuite être utilisés en France ou revendus à l'étranger.

Tout le monde peut constater que la République s'est désintéressée du végétal.

Dans les années 1960, le domaine de Versailles ayant cessé de recevoir des crédits d'entretien pour les bosquets du Grand Parc, il a fallu recourir à un système de troc. Le stratagème mis en place n'a apparemment choqué personne. Il consistait à établir des marchés de gré à gré « abattage entretien ». Ainsi, chaque année, un responsable du domaine le visitait avec le directeur d'une entreprise forestière. Ensemble, ils désignaient les arbres « condamnés » et planifiaient les travaux pour remettre le site dans des conditions de « bonne présentation ». Autrement dit, le directeur de l'entreprise forestière demandait à couper les sujets les plus intéressants, en échange de quoi il réinstallait quelques plants.

C'est ainsi qu'on a permis la disparition de tous les vénérables sujets du Grand Parc. Pendant longtemps ce domaine historique fut en effet exploité au mépris des règles élémentaires de la conservation du patrimoine arboré. On a fait peu de cas de chênes et de frênes magnifiques qui furent transformés en poutres et en planches. Prenons l'exemple de la tempête de 1990. Elle est exemplaire, elle met à terre 1 850 arbres ; l'entrepreneur chargé de « l'échange nettoyage/arbres » se frotte les mains : des chênes par dizaines, de vieux ormes, des noyers, beaucoup d'autres essences exploitables gisent sur le sol. Rapidement, les arbres sont débarrassés de leurs branches, et le bois malade est éliminé. Rapidement, on charge les troncs sur des wagons stationnés à la gare de Matelots – gare de marchandises à deux pas des jardins de Versailles. On veut profiter vite et beaucoup. Mais fort heureusement une enquête est diligentée, et quelques fonctionnaires se retrouvent de longues heures à l'hôtel de police. Le nouveau directeur du domaine dépose une plainte pour non-respect des marchés publics et absence de mise en concurrence. Cette plainte ne résout aucun problème, mais elle a le mérite d'éclaircir sur le moment une situation trouble. Et surtout d'éviter que de tels abus se renouvellent lors de la tempête suivante.

Une politique a été mise en place pour le reboisement du Grand Parc. Avec essentiellement des hêtres, des tilleuls, des chênes et des marronniers, il s'agit de reconstituer une forêt opaque pour permettre au gibier d'y trouver refuge.

En revanche, dans les jardins, on respecte toujours les mêmes règles strictes : aux abords des bâtiments, les haies sont en buis, les allées sont bordées de charmilles, les arbres sont taillés, et plus on s'éloigne, plus on constate le rétrécissement des allées pour multiplier les perspectives et canaliser le regard.

Comment conserver un patrimoine arboré sans jardiniers ?

Au bout des allées, la forêt reprend ses droits, quelquefois entrecoupée d'alignements car il ne faut pas oublier qu'on est sur un domaine royal et que la bonne règle reste de domestiquer la nature.

Ainsi, sur le pourtour du Grand Canal, on a restauré les somptueux doubles alignements de tilleuls : 1 850 sujets. Aujourd'hui ces tilleuls sont taillés par des lames guidées par laser, mais imaginons que trois siècles auparavant les ouvriers se hissaient sur de grandes échelles roulantes qu'ils poussaient le long des alignements au fur et à mesure de l'avancement du travail et que, munis d'un croissant – sorte de serpette montée sur un manche flexible –, ils coupaient les branches qui dépassaient des 18 000 arbres d'alignement du Grand Parc. Cet outil, le croissant, était également utilisé pour remodeler les haies et les charmilles.

Après la dramatique tempête de 1999, l'entretien du Grand Parc a été limité, les dégâts sur le domaine imposant d'autres priorités, mais il a aujourd'hui retrouvé son charme et son attrait. C'est un lieu de promenade apprécié, un terrain d'exercice pour de nombreux sportifs, un repaire privilégié pour les amoureux qui ont enfin compris qu'il y avait mieux à faire que de graver des cœurs sur les troncs des nouvelles plantations.

Frênes, marronniers, tilleuls, érables – 350 000 arbres – repeuplent les bosquets des Sabotiers, de la Glaisière, de la Cerisaie ou des Closeaux. Ces arbres jeunes et vigoureux sont extrêmement précieux car ils masquent les constructions modernes des villes avoisinantes. Sans eux, la perspective royale de Versailles serait durement affectée. ■

L'allée des Matelots.

Chapitre 2

La Ménagerie

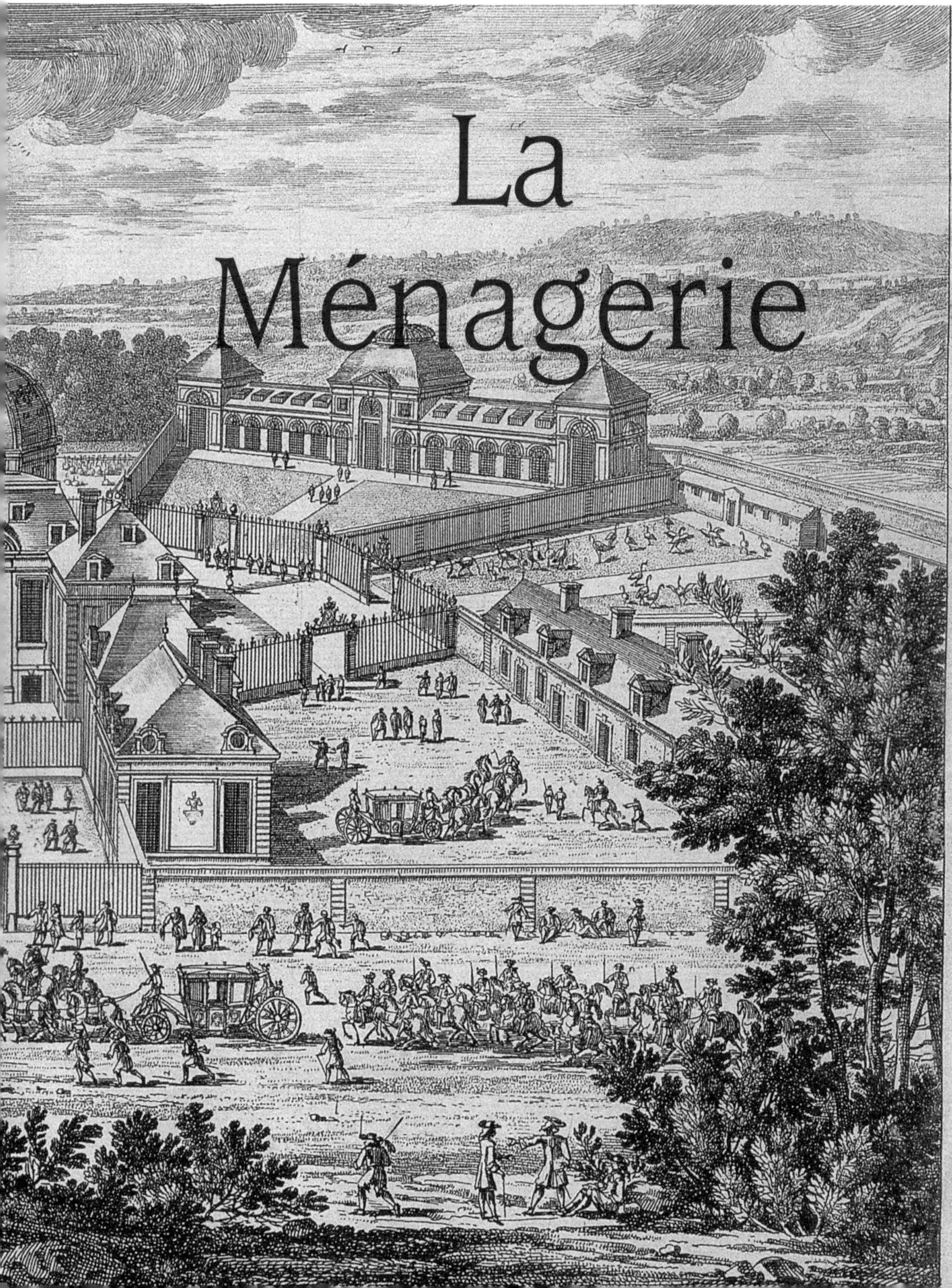

La Ménagerie

Avant même la construction du Grand Canal, Louis XIV décide d'installer dans le Grand Parc une ménagerie. Il choisit son emplacement à l'extrémité d'un des deux bras du futur Grand Canal, autrement dit à l'opposé du Grand Trianon. Le choix du site n'est pas anodin, il est suffisamment éloigné du château pour constituer un but de promenade. La construction est confiée à Le Vau qui démarre les travaux en 1663.

Ce terme de ménagerie désignait au XVIe siècle l'endroit où étaient élevés et soignés les animaux domestiques, le bétail et la volaille. Au XVIIe siècle, la ménagerie devient rapidement un lieu où l'on présente des bêtes rares ou sauvages. Dès 1664, on découvre quantités d'oiseaux exotiques : oiseaux-mouches, colibris, perroquets, paradisiers…

La Ménagerie, du côté de l'entrée. Estampe d'Adam Perelle (XVIIe siècle).

Pour Louis XIV, la Ménagerie ne saurait être un bâtiment banal. Le Vau construit un petit château formé de deux corps de logis perpendiculaires à un troisième, celui-ci prolongé par une galerie conduisant à un très joli pavillon de forme octogonale, couvert d'un dôme ornementé et occupé, à l'étage, par un grand salon. Ce pavillon était ceinturé d'une première cour, elle-même de forme octogonale, « semée de petit tuyaux cachés en terre et, quand on le veut, elle devient aussi un parterre de jets d'eau ». Cette cour octogonale donne accès à sept autres cours disposées en éventail, et chacune d'entre elles est occupée par des animaux différents. On trouve également dans la Ménagerie un jardin ainsi qu'une laiterie. L'idée était de réunir dans un même lieu différentes espèces d'animaux, exotiques pour l'époque et domestiques, en même temps que des arbres, des plantes et des fleurs.

Durant tout son règne, Louis XIV fit de la Ménagerie une étape obligée de ses grands fêtes et réceptions. Fastueux autant qu'orgueilleux, il voulait montrer à ses visiteurs et à son peuple qu'il régnait sur le monde entier, y compris sur les animaux. Si Versailles ne pouvait être partout dans le monde, le monde entier était à Versailles.

On déploie donc pour la Ménagerie la même énergie que pour les jardins. Ordre royal ! Colbert affrète des navires de la Compagnie des Indes pour ramener des continents éloignés les plus beaux volatiles, on achète à des intermédiaires en Égypte et en Tunisie, l'objectif étant de présenter à Versailles ce qui était inconnu à l'époque. Grues, tourterelles du Canada, canards d'Égypte, demoiselles de Namibie (nous les appelons aujourd'hui pintades) côtoyaient pélicans, autruches, hérons, dindons, poules d'Inde, poules sultanes (petits échassiers qui ressemblent à nos poules d'eau)... Un corbeau blanc était également à la parade.

Ce n'était pas uniquement le royaume des oiseaux, on y trouvait aussi des gazelles, des sangliers, quelques cochons, un crocodile. Un éléphant offert par le roi du Portugal fut installé dans la ménagerie où il vécut seize

La terrasse de la Ménagerie.

ans, jusqu'en 1681, ainsi qu'un « certain animal appelé chapas, plus beau et mieux marqueté qu'un tigre, doux et flatteur comme un chien, et cent autres choses trop longues à dire ».

On y élevait également pour « la bouche du roi » des veaux, nourris au lait de la mère, au jus d'orange et au jaune d'œuf. C'était le bon temps, les fonctionnaires de Bruxelles ne faisaient pas la loi sur le territoire français et la pratique des veaux sous la mère n'était pas interdite.

La Ménagerie attire les scientifiques qui viennent étudier sur place les animaux exhibés – sans doute aussi pour flatter le roi. Elle séduit les artistes, comme le peintre

Oudry qui prend pour modèles félins, échassiers et volatiles. Les animaux morts sont immédiatement empaillés et participent à la création d'une magnifique collection.

En 1698, le roi fait restaurer les bâtiments par Jules Hardouin-Mansart et offre la Ménagerie à la duchesse de Bourgogne, sans pour autant s'en désintéresser. L'épouse de son petit-fils s'amuse à baratter et joue à la paysanne comme le fera plus tard Marie-Antoinette au Hameau.

La Ménagerie de Louis XIV : caprice royal ou intérêt scientifique ?

Peu à peu, l'intérêt pour la Ménagerie s'amenuise, on limite son entretien. On la néglige pendant toute la Régence, même si on y réinstalle en 1722 un éléphant et quelques animaux sauvages pour distraire Louis XV enfant. En 1726, le comte de Maurepas offre un lionceau et un tigre.

Devenu adulte, Louis XV s'intéresse peu à la Ménagerie. En 1751, l'architecte Gabriel constate l'état de délabrement des lieux. En 1774, on commence à paniquer : les buffles sont dans la fange, l'éléphant dans un trou, et on craint que le lion quitte sa cage. Louis XV a préféré sa propre ménagerie.

Quant à Louis XVI, il est occupé par ses serrures, Marie-Antoinette par ses moutons, le jeu, les fêtes ; ces deux-là ne manifestent aucun intérêt pour la Ménagerie de leur ancêtre. Les animaux sont quasiment en liberté : il faut refaire l'enclos du rhinocéros et récupérer un dromadaire, perdu, abandonné dans des bâtiments en ruine. On constate que ce dromadaire souffre d'anémie ; ne sachant comment le soigner, le garde suisse qui en a la charge entreprend de lui faire boire chaque jour six bouteilles de vin pour améliorer sa santé et son moral. L'ivrognerie du dromadaire devient une attraction, les badauds se pressent, le suisse guette. L'affaire devait être des plus rentables puisque à la mort, probablement de cirrhose, de l'animal, le suisse demanda son remplacement par un autre de ses congénères.

Devant le désastre, Louis XVI, alerté, envisage de faire transférer les animaux rescapés de la Ménagerie au Jardin des plantes de Paris. Il ne fait que l'envisager, sans prendre la décision définitive du transfert.

La Révolution fut fatale à la Ménagerie. On a d'abord tenté sans succès de la transformer en école rurale, après que des révolutionnaires eurent tué ou volé les animaux pour les manger ou pour les vendre. En 1793, les rescapés étaient au nombre de cinq : un bubale (grande antilope d'Afrique aux cornes en forme de lyre), un pigeon de Banda, un rhinocéros et un lion du Sénégal accompagné de son chien de compagnie. Le domaine est à l'abandon. Sieyès le récupère le 6 août 1800. Il préfère la Ménagerie alors que Bonaparte, Premier Consul, lui avait offert, le 22 décembre 1799, le domaine de Crosne, proche de Corbeil.

Il faut attendre 1836 pour que Louis-Philippe réintègre la Ménagerie dans le domaine national, mais en 1874 des animaux furent abattus. Les survivants furent transférés au Muséum national d'histoire naturelle ; certains, plus chanceux, réussirent à s'échapper : des oiseaux et des rats de Java qui envahirent Versailles.

On peut toujours voir au Muséum national d'histoire naturelle le rhinocéros empaillé de Louis XV et la girafe que le roi d'Égypte avait offerte à Charles X. Actuellement il est impossible de visiter les ruines de la Ménagerie. Sa restauration est régulièrement programmée et sans cesse reportée à une date ultérieure.

Dans l'Antiquité, les empereurs romains constituèrent des collections d'animaux pour leur plaisir et pour les jeux (combats d'animaux ou d'hommes et de bêtes féroces). On rapporte que la ménagerie d'Auguste réunissait, en 29 av. J.-C., quelque 3 500 animaux d'Afrique et d'Asie Mineure (tigres, lions, panthères, guépards, éléphants...).

L'enclos de la Ménagerie.

L'appellation zoo apparaît pour la première fois en 1752 pour désigner, dans le parc du château de Schönbrunn, résidence d'été de l'impératrice Marie-Thérèse d'Autriche, un lieu où étaient regroupés des animaux domestiques.

Sans être chauvin, on est en droit de prétendre que la Ménagerie de Versailles, créée un siècle plus tôt, en 1662, a été le premier zoo des Temps modernes, compte tenu du nombre important d'animaux exotiques qui y ont séjourné. ■

Chapitre 3

Les jardins de Versailles

Chapitre 3

Les Jardins du roi

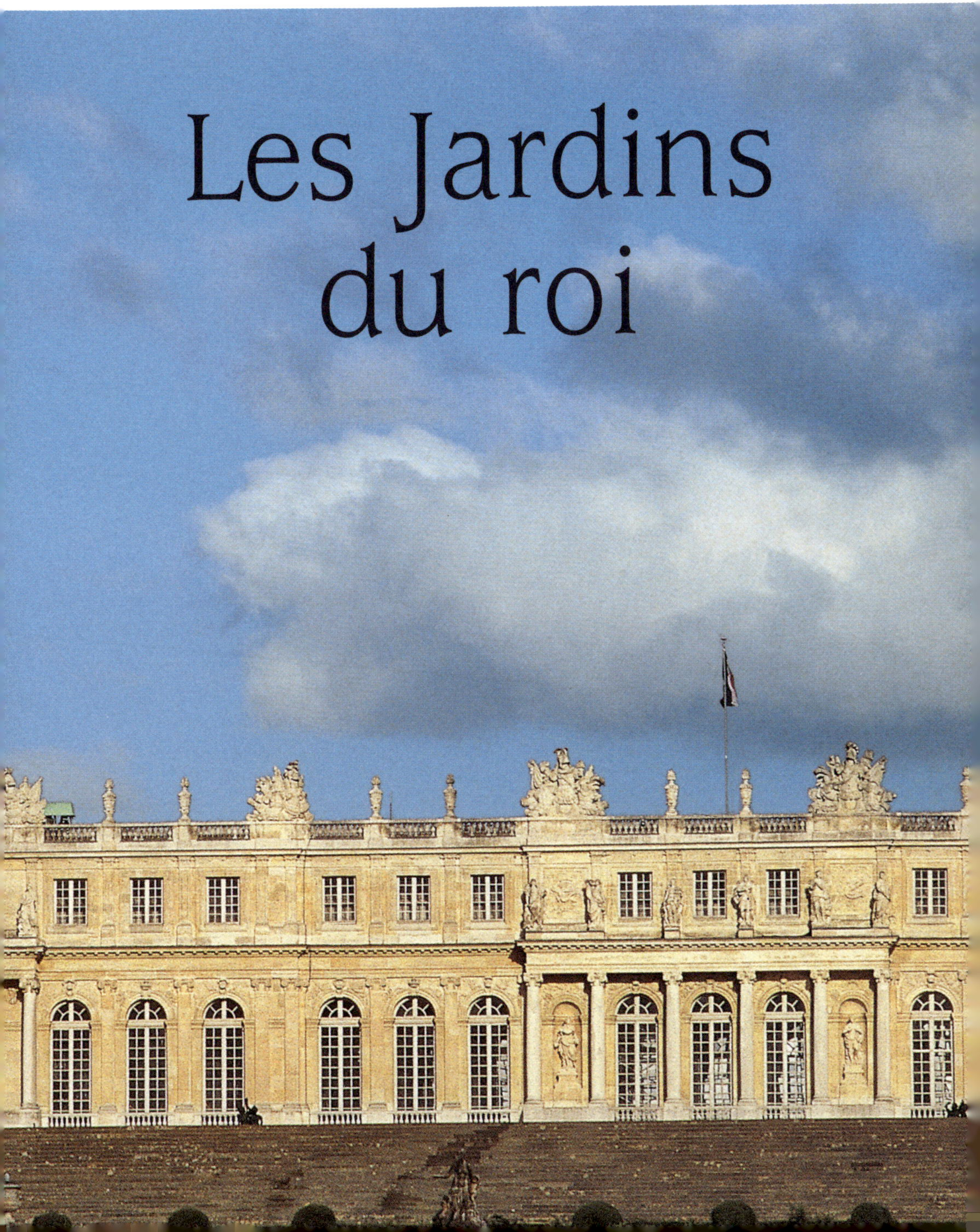

Les Jardins du roi

Nous parlons des Jardins du roi, c'est l'appellation propre au règne de Louis XIV – nous pourrions aussi les appeler Jardins de Louis XIV ou éventuellement, très éventuellement, Jardins de Le Nôtre…

Avant lui, les jardins, nous l'avons vu, étaient pratiquement inexistants, même si l'esprit était déjà dans la place. Après lui, son arrière-petit-fils Louis XV a surtout manifesté son intérêt pour Trianon (le grand).

Sans attribuer à André Le Nôtre tout le mérite de ces jardins – ce serait injuste –, on reste confondu par son immense talent d'architecte. Il suffit de monter sur les toits du château pour en saisir toute la portée. De cet emplacement privilégié, la vue s'étend sur le parc et la ville dont le tracé s'inspire du principe des jardins à la française. Trois avenues principales très larges, généreusement bordées d'arbres d'alignement – l'avenue de Sceaux, l'avenue de Saint-Cloud et l'avenue de Paris, plus large que les Champs-Élysées – se rejoignent devant le château, sur la place d'Armes, aussi vaste que la place de la Concorde.

Vue du château depuis la terrasse de Latone.

Versailles est placé sous le signe du gigantisme. Le château, dont la façade côté jardins mesure 670 mètres de longueur, est éclairé par 2 143 fenêtres, chauffé par 352 cheminées (1 252 sous l'Ancien Régime), desservi par 68 escaliers, orné de 6 000 peintures. L'ensemble des habitations et des jardins comportent 2 000 sculptures. Les jardins témoignent d'un délire de création, une frénésie planteuse. Les bassins sont immenses, les jets d'eau des fontaines devaient être les plus hauts et les plus spectaculaires du monde. Tout Versailles a été créé dans une folie absolue, sans le moindre souci d'économie dans quelque domaine que ce fût.

Nous regrettons que les visiteurs ne soient pas admis à se promener sur les toits du château, le gigantisme, de là-haut, est tangible. Posté entre les lucarnes et les chiens-assis, on peut contempler, côté Ouest, les 93 hectares de jardins, apprécier l'originalité, la passion, la rigueur, le sens des couleurs et du rythme qui ont été les moteurs de cette remarquable création.

Si l'on tourne ses regards vers la ville, vers l'est donc, on constate que le château intervient comme un rempart entre les trois avenues qui mènent à la place d'Armes, et la splendeur des broderies des Jardins du roi et de la perspective jusqu'au Grand Parc s'impose.

Lorsqu'on se tient sur cette place d'Armes qui donne accès au château, on mesure le génie de Le Nôtre, désireux de ménager des effets de surprise, d'occulter jusqu'au dernier moment les jardins et le parc, le château, véritable forteresse, ne laissant rien deviner de leur magnificence et bloquant les perspectives. On prend conscience de sa règle absolue : dans la ville, on ne doit rien voir du parc, dans le parc, on ne doit rien voir de la ville, pas même un clocher.

Passons la grille du château et restons un instant à considérer le titanesque travail qui a été réalisé à partir de l'ancien pied-à-terre de Louis XIII, reconnaissable à sa façade en brique rouge. À droite et à gauche, les extensions voulues par Louis XIV, sans oublier la chapelle royale. Imaginons que l'ensemble de ces travaux de construction n'auront duré qu'une cinquantaine d'années.

Le château est déclaré achevé en septembre 1687 dans l'ouvrage héraldique du père Blondel *Les Fastes des Rois de la Maison d'Orléans et celle de Bourbon depuis 1497 jusqu'à 1697*, paru en 1697.

Le château vu du parterre d'eau.

Franchissons l'avant-cour, la cour Royale qui mène à la cour de Marbre, pavée de marbre noir et blanc et située au cœur du château de Louis XIII dont les façades ont été remaniées et embellies par Le Vau et Hardouin-Mansart.

Pour accéder aux jardins, deux passages latéraux : à droite, le passage dit « de bois Nord », pavé de parallélépipèdes en bois afin d'atténuer les bruits susceptibles d'importuner les habitants du château, à gauche, le passage des Princes (ou passage du Midi), utilisé par la descendance et le frère de Louis XIV puis par les enfants de Louis XV pour rejoindre leurs appartements privés.

Pour visiter les jardins selon les prescriptions du roi lui-même, nous pouvons suivre l'itinéraire qu'il a défini dans un feuillet manuscrit daté du 19 juillet 1689 et achevé à 6 heures du soir. Il le modifiera à six reprises entre 1689 et 1705. Dans la première « mouture », il écrit ceci : « En sortant du chasteau par le vestibule de la Cour de marbre, on ira sur la terrasse ; il faut s'arrester sur le haut des degrez pour considérer la situation des parterres des pièces d'eau et les fontaines des cabinets… ».

Empruntons le passage des Princes et avançons vers la terrasse, au pied de la galerie des Glaces, pour avoir une vue d'ensemble des Jardins du roi, de l'axe du Tapis vert (ou allée Royale) et du Grand Canal qui dégage la vue jusqu'à l'horizon, et pour admirer le jeu des perspectives. Un moment de grâce et de bonheur intense. Voilà ce que le roi recommandait, et c'est bien, selon nous, la meilleure façon d'aborder la visite des jardins et du parc.

Les Jardins du roi sont délimités par la façade du château derrière nous, et en face par le bassin d'Apollon et les deux grandes allées éponymes situées de part et

La perspective royale.

d'autre de ce bassin. Du côté de la ville – c'est-à-dire à gauche quand on est dos au château – par la départementale 10, anciennement route nationale, et à droite par le bassin de Neptune cerné d'un mur qui se prolonge jusqu'à l'avenue de Trianon.

Revenons au passage des Princes pour nous retrouver devant le parterre du Midi qui, au XVIIe siècle, portait le nom de parterre de l'Amour. Il a pris l'aspect définitif que nous lui voyons aujourd'hui en 1688, quand les travaux de construction de l'Orangerie ont permis de le transformer et de l'agrandir. Il n'a jamais été fleuri sous le règne de Louis XIV.

Le Tapis vert
et le Grand Canal.

Ce parterre est composé de deux bassins entourés d'arabesques de gazon et de buis, agrémentées à l'époque de briques et d'ardoises pilées.

En portant son regard vers la pièce d'eau des Suisses, on embrasse l'Orangerie. Si toute demeure royale se devait de posséder une orangerie, celle de Versailles est exceptionnelle. Louis XIV y a mis une véritable passion, l'oranger était son arbre préféré.

L'Orangerie se compose du bâtiment proprement dit et de son parterre. Il a fallu attendre 2002 pour que le parterre (2,8 hectares) retrouve son aspect d'origine et ses topiaires encadrant les parterres. Autour d'un bassin rond sont agencés six carrés délimités par des haies de buis, chaque angle étant ponctué de cyprès. Le centre des carrés est occupé par des arabesques de gazon constituées de figures géométriques, soulignées de métal depuis leur restauration pour permettre une meilleure présentation et surtout un entretien plus facile. Sous Louis XIV, les bordures étaient découpées à la bêche pour renforcer la précision du dessin.

Après avoir contemplé ce magnifique parterre de l'Orangerie, descendons un des deux escaliers monumentaux des Grands Degrés qu'on appelle aujourd'hui les Cent Marches, de part et d'autre du parterre, pour gagner l'accès à l'Orangerie proprement dite, ainsi que la pièce d'eau des Suisses, de l'autre côté de l'ancienne nationale 10, et le potager, dirigé à l'époque par La Quintinie. Ces escaliers, combien de fois Louis XIV a-t-il dû les emprunter pour rejoindre son bien-aimé jardinier-maraîcher, jardinier-tailleur d'arbres fruitiers, jardinier-pépiniériste ! La Quintinie excellait, on le sait, dans ces trois disciplines.

Objectif : mieux, beaucoup mieux que Vaux-le-Vicomte

Après avoir visité l'Orangerie *(voir L'Orangerie royale)* et remonté gaillardement les Cent Marches, contournons le parterre de l'Amour (ou du Midi) et retrouvons-nous devant le parterre d'Eau, deux vastes bassins ornés de bronzes représentant les fleuves et les rivières de France exécutés par Jean-Jacques et Jean-Balthazar Keller, deux fondeurs réputés qui travaillaient à l'Arsenal à la fabrication des canons du roi. L'Arsenal fut en charge de cette mission de 1687 à 1690. À l'origine, les statues étaient recouvertes de dorures, mais le roi trouva cette couverture un peu clinquante et exigea qu'elles retrouvent leur coloration naturelle, ce qui fut fait.

Encadrant les larges degrés qui conduisent au parterre de Latone, un peu plus bas, deux groupes d'animaux coulés dans le bronze représentent des chiens combattant des fauves, l'un, à gauche, dans la fontaine du Point du Jour, l'autre, à l'opposé, dans la fontaine du Soir ou fontaine de Diane.

Le parterre de Latone, comme tous les parterres sous le règne de Louis XIV (à l'exception de celui du Nord planté de topiaires et de buis hauts et formant haies), était exclusivement composé de buis ouvragés et de gazon finement découpé. Les fleurs apparaîtront au parterre du Midi au XVIIIe siècle sous le règne de Louis XV – pour quelque temps seulement à titre d'essai – et à ce parterre de Latone, plus tardivement encore, sous le règne de Napoléon Ier.

Avant de descendre vers le bassin de Latone, restons quelques instants en haut des marches pour admirer la perspective.

À la différence de Vaux-le-Vicomte où toutes les perspectives sont bouchées, à Versailles, elles sont ouvertes. Du haut des marches, la vue s'étend au-delà du Grand Canal et semble se perdre sur l'infini. On imagine, à ce spectacle, la volonté de Louis XIV, alors au faîte de sa gloire, d'asservir la nature et de régner sur l'Univers.

Les Jardins du roi s'enorgueillissent de nombreux bosquets. Le mot vient de l'italien *boschetto*, autrement dit petit bois, alors qu'en fait il s'agit d'ensembles décoratifs somptueux, toujours élaborés selon le même principe : une haie de charmilles pour le délimiter, doublée d'un

L'entrée du bosquet de l'Encelade.

treillage. Ces bosquets sont souvent agrémentés en leur centre de pièces d'eau, fontaines, cascades ou grottes abondamment sculptées, et des recoins invitent à l'intimité. N'oublions pas qu'à l'origine ces « retiros » étaient dénommés les « chambres vertes ».

Quittons le bassin de Latone et dirigeons-nous vers la Salle de Bal, appelée aussi bosquet des Rocailles. Ce bosquet, un des plus beaux, est une des rares créations d'André Le Nôtre qui soit parvenue intacte jusqu'à nos jours. Commencé en 1678, il fut terminé en 1683. Il se présente comme un amphithéâtre de verdure, les gradins recouverts de gazon pour accueillir musiciens et visiteurs. Ce lieu de fêtes a été dessiné selon le principe du bosquet : un treillage en hauteur, de très riches éléments décoratifs dorés à l'or fin, des lauriers taillés en boule, des orangers disposés dès l'origine dans de grands vases. Le bassin est façonné en pierre meulière, lave et coquillages rapportés par la Marine royale, l'ensemble très habile-

Les torchères
de la Salle de Bal.

ment entrelacé pour permettre aux jeux de cascade de jaillir et éclabousser. Le spectacle, lors des Grandes Eaux, est encore plus prodigieux.

Dans ce salon de plein air, la Cour ou un corps de ballet dansaient sur un gigantesque plancher installé au centre, on donnait des représentations théâtrales. Le 7 mai 1685, Louis XIV y fit servir un souper au retour d'une chasse au loup. Ce bosquet était, comme beaucoup d'autres, clos par une grille ouverte dès le matin qu'on refermait le soir. Le roi avait ordonné la construction de clôtures pour limiter l'accès aux bosquets et surtout faire obstacle au vandalisme : de nombreux maraudeurs ou de simples miséreux rôdaient dans les parages et pillaient les jardins, allant jusqu'à subtiliser le plomb des fontaines pour le revendre. Rien n'a changé, on procède de même au XXIe siècle.

Cette Salle de Bal (ou bosquet des Rocailles) est particulièrement fragile, elle a été l'objet d'une surveillance

Le bassin et la cascade de la Salle de Bal.

attentive. Louis XV qui, nous l'avons vu, s'intéressait peu aux jardins de son arrière-grand-père, était néanmoins respectueux de celui-ci : en 1737 et 1738, il donna ordre au compagnon Dubois de restaurer les rocailles, travail qui fut très bien rétribué.

Restons sur la partie Sud du jardin et traversons l'allée du Roi pour pénétrer dans ce qu'on nomme aujourd'hui bosquet de la Reine. Sous Louis XIV, c'était le bosquet du Labyrinthe. Commandé par le roi en 1665, composé par Le Nôtre sur une idée de Charles Perrault (protégé de Colbert, haut fonctionnaire à la Surintendance des bâtiments du roi, auteur des *Contes* et frère de l'architecte Claude Perrault), il fut achevé en 1669. La richesse de son décor d'origine donne une idée de l'extrême rapidité avec laquelle on se soumettait aux exigences royales. Il se présentait sous la forme d'un labyrinthe délimité par une haie de charmilles doublée d'un treillage, celui-ci somptueusement décoré de trente-neuf fontaines de plomb, peintes, qui mettaient en scène des animaux des *Fables* d'Ésope et de La Fontaine. La première fontaine que l'on découvrait en pénétrant dans le bosquet était celle du Duc et des Oiseaux ; la dernière, magnifique, appelée le Gouffre, illustrait la fable « Les Cannes et les petits barbets » (le barbet, rappelons-le est un chien très apprécié à la chasse).

Pendant la Régence, l'entretien du bosquet laissa à désirer. Fort heureusement, Louis XV, qui l'appréciait tout particulièrement, donna ordre en 1722, quelques mois après son retour à Versailles, de repeindre et de restaurer les animaux ainsi que le décor architecturé d'origine.

Nous n'avons, hélas ! aucune trace de ce décor initial, sinon par des gravures. Il a disparu à l'occasion de la replantation du parc, au cours des années 1775 et 1776.

Plan de l'ancien bosquet du Labyrinthe.

Les espèces rares pour l'époque – tulipiers de Virginie, cèdres du Liban, chênes d'Amérique qui l'ornaient – ont été abattues ou détruites par des tempêtes.

Un ordre royal doit être respecté sans délai

Le bosquet du Labyrinthe fut alors appelé bosquet de Vénus avant de prendre le nom définitif de bosquet de la Reine, en référence à l'affaire dite « du collier », affaire qui fit grand bruit et qui inspira Alexandre Dumas pour son ouvrage *Le Collier de la Reine*. Ce scandale démontre l'univers de prévarication qui régnait à la cour de Louis XVI. Rappelons le déroulement de cette affaire.

Le cardinal de Rohan souhaite s'attirer les faveurs de Marie-Antoinette. Sans aucun succès. La reine de France protège une dénommée Jeanne de La Motte, comtesse et descendante d'Henri III qui, grâce à elle, a retrouvé un peu de sa dignité passée. Cette femme, cupide, jamais satisfaite des bienfaits dont la reine la gratifie, en veut davantage. Elle imagine un stratagème, naïf certes, mais qui aurait pu parfaitement fonctionner. Elle fait comprendre au cardinal qu'il pourrait bénéficier des faveurs de Marie-Antoinette s'il lui facilitait l'achat d'un collier réalisé par les bijoutiers Bohmer et Bassange, bijou somptueux, incrusté de 647 pierres précieuses, pesant 2 300 carats et coûtant la bagatelle de 1 600 000 livres. Le cardinal se propose d'acheter le collier. La comtesse fait croire au cardinal que la reine lui fixe rendez-vous dans le bosquet de Vénus le 14 mars 1784 à minuit et qu'elle acceptera ce jour-là et cette heure-là le collier de ses rêves. Nicole Legay d'Oliva, complice de la comtesse et modiste connue pour sa ressemblance avec la reine, profitant de l'obscurité, se fait passer pour la souveraine. Aveuglé par son retour en grâce, le cardinal ne s'aperçoit pas du subterfuge. La reine, croisée dans les jardins et les couloirs du palais, lui manifestant la même froideur, il comprend qu'il a été joué et cesse de régler les traites qu'il avait signées pour acquérir le collier. Les joailliers s'inquiètent, alertent la Cour du non-paiement des billets à ordre. Le cardinal, pour se disculper, accuse la reine. Le scandale éclate, la Cour et les gazettes sautent sur l'occasion pour reprocher à la souveraine ses dépenses inconsidérées. Louis XVI ne peut accepter les accusations du cardinal de Rohan qui est arrêté le 15 août 1785 et incarcéré à la Bastille.

Le procès débute le 22 mai 1786 dans une atmosphère d'émeute. Le cardinal est soutenu par des milliers de personnes. Il est relaxé mais privé de toutes ses charges et exilé à La Chaise-Dieu. La comtesse de La Motte sera plus sévèrement punie : elle sera fouettée, marquée au fer rouge et condamnée à la prison à perpétuité.

Après le bosquet de la Reine, nous pouvons nous diriger vers le jardin du Roi. Ce bosquet est probablement le seul dont la visite ne présente pas d'intérêt véritable. Il n'a pas été entretenu durant la période révolutionnaire ni sous l'Empire. On voit la trace de la pièce d'eau de l'Île Royale (appelée ensuite Île d'Amour), creusée en 1671, mais elle a disparu, faisant place en 1818, sous Louis XVIII, à une sorte de jardin anglais à l'ancienne, très prisé alors, rassemblant arbres et arbustes de toutes origines et de toutes variétés en une « admirable collection botanique », selon les termes de l'architecte Dufour qui l'a dessiné. Selon nous, un fourre-tout sans le moindre charme qui mériterait aujourd'hui d'être supprimé afin que ce jardin du Roi retrouve sa grâce originelle et les magnifiques statues qui étaient disposées dans les fenêtres de charmilles superbement taillées – l'ensemble était, d'après les descriptions de l'époque, d'un effet saisissant.

À quoi servaient les bosquets ?

En sortant de ce bosquet où nous sommes passés rapidement, nous nous retrouvons sur l'allée de Saturne, devant le bassin de Saturne avec pour perspective le bassin de Flore de l'allée éponyme dans les bosquets Nord.

C'est l'occasion de rappeler qu'à l'époque toutes les allées étaient sablées, sans exception. Aujourd'hui elles sont gravillonnées ou enrobées.

Quand Louis XIV habitait Versailles, il était interdit de se promener à cheval dans les jardins. Sur une seule allée était toléré le passage des équipages royaux, celle qui longe l'aile Nord du château. C'est là que les équipages attendaient le roi pour le conduire à Trianon. On imagine bien son itinéraire jusqu'au bassin du Dragon (situé devant le bassin de Neptune), puis à gauche, en droite ligne sur la longue voie pavée qui mène à Trianon. Aucune gravure ne représente des chevaux dans les allées, on le comprend, les sabots auraient fait trop de dégâts dans le sable. On y circulait donc à pied, seul Louis XIV – privilège royal – pouvait se déplacer à cheval ; il a très rarement profité de cet avantage.

En sortant du bosquet du jardin du Roi, il est temps de pénétrer dans le bosquet de la Salle des Marronniers.

Le bosquet de la Salle des Marronniers mis en place en 1704 par Hardouin-Mansart remplaçait la Salle des Antiques qui fut dessinée par Le Nôtre. Il est de conception extrêmement simple : un espace treillagé, encadré par deux fontaines ornées de huit bustes antiques et de deux sculptures. Son appellation démontre, s'il en était besoin, la vogue extraordinaire des marronniers à l'époque.

Le bassin de Flore.

On passe de ce premier bosquet au bosquet des Sources qui n'existe plus. Créé en 1679 par André Le Nôtre, il était constitué de petites allées tortueuses qui parcouraient un ensemble végétal alimenté essentiellement par de multiples petits ruisseaux.

En 1689, pendant le séjour de Le Nôtre à Rome où il était allé visiter le pape, le roi décide de confier à Jules Hardouin-Mansart la création d'un nouveau jardin en lieu et place du bosquet des Sources. À son retour, Le Nôtre, stupéfait, découvre une structure circulaire composée de 32 colonnes de marbre du Languedoc supportant une corniche circulaire ornée de 32 urnes, des arcs-boutants reposant sur 32 piliers carrés. Il est effondré. Le roi a toléré que l'on contrevienne à son principe premier, résumé ainsi : « Pas d'invasion du minéral dans le végétal. » Quand Louis XIV lui présente, non sans fierté, le travail de son collègue, Le Nôtre agacé réplique : « Eh bien, sire, que voulez-vous que je vous dise ? D'un maçon, vous avez fait un jardinier, il vous a donné un plat de son métier. »

En 1924, des vieux arbres menacent la Colonnade. L'architecte Chaussemiche, en charge des lieux, ordonne qu'ils soient abattus. En cette époque où les crédits manquent pour l'entretien des Monuments historiques, il n'est pas admis de mettre à terre des arbres, même dangereux, car leur disparition doit par principe engager immédiatement une replantation. Pas de budget, pas de replantation possible, sinon des sanctions. L'architecte fut démissionné.

En sortant du bosquet des Colonnades, nous traversons l'allée de Saturne avec, en perspective, la fontaine de Bacchus. À l'opposé de ces deux fontaines se trouvent les fontaines de Flore et de Cérès. Ces quatre bassins ou fontaines forment un immense rectangle séparé par le Tapis vert ou allée Royale. De part et d'autre, deux bosquets, le bosquet du Dauphin et le bosquet de la Girandole.

Le bosquet du Dauphin, du côté Nord, et le bosquet de la Girandole, du côté Midi, avaient des formes géométriques lorsqu'ils furent édifiés, en 1663. Ils ne plurent pas à Louis XIV qui les appelait avec un certain mépris « les deux bosquets », alors que tous les autres avaient un nom précis.

Quels critères pour choisir son bosquet préféré ?

Le bosquet du Dauphin – rien à voir avec la descendance royale – tient son nom du cétacé en métal qui y fut installé. Les termes – statues d'hommes ou de femmes se terminant en gaine, comme celles du dieu Terminus qui servaient de bornes dans l'Antiquité –, dont on ne voyait que la partie supérieure, furent, pour la plupart, commandés par Fouquet en 1655 pour ses jardins de Vaux-le-Vicomte. Le roi les racheta en 1683 à la veuve du Surintendant, mort en 1680 au fort de Pignerol, ville du Piémont qui, à l'époque, était encore sous juridiction française.

Louis XVI, lors de la grande replantation de 1776, fit remplacer les bosquets du Dauphin et de la Girandole par des quinconces, autrement dit de simples carrés de pelouse entourés d'arbres. Pour le moment, ils ont repris leur aspect d'origine et abritent le plus discrètement possible les lieux d'aisances et de restauration pour les visiteurs.

En sortant du bosquet de la Colonnade, nous vous conseillons de descendre le long du Tapis vert, l'allée Royale, pour vous retrouver devant le bassin d'Apollon, dans l'axe du château et du Grand Canal. De cet emplacement, on a une vue très particulière sur cette pelouse centrale, allée longue de 330 mètres et large de 40, dont le tracé remonte à l'origine du jardin, sous Louis XIII. Pendant la régence d'Anne d'Autriche, elle resta en l'état. Elle fut réaménagée, élargie, puis engazonnée pour être ensuite bordée des deux côtés et sur toute sa longueur de marronniers et de topiaires d'ifs, et ornée de statues superbes et de vases à l'antique en marbre.

Au premier plan, les parterres et les bassins de Latone que nous avons déjà visités. Si on se retourne, la vue est admirable sur le Grand Parc et le Grand Canal. Rien n'apparaît ni des deux Trianon ni de la Ménagerie, et en regardant le château on prend pleinement conscience de ce qu'est l'art du jardin à la française : limitation en hauteur des végétaux, mise en valeur des œuvres d'art présentées devant des murs de verdure ou de jets d'eau, faisant obligation au regard de se poser sur elles.

Le bassin du char d'Apollon.

Cet alignement d'œuvres d'art et de végétaux a été entièrement restauré et replanté avant la tempête de 1999, une chance inespérée car les douze statues et les douze vases de marbre blanc qui la bordent auraient pu souffrir des chutes de branches ou de l'affaissement des troncs.

Quittons cet emplacement privilégié et dirigeons-nous vers le bosquet de l'Encelade, très élaboré, qui fait pendant aux bosquets de la Salle des Marronniers et de la Colonnade. Sa particularité est d'être très structuré – il a été dessiné par Le Nôtre, sa réalisation a duré de 1675 à 1677 –, les végétaux taillés jusqu'à constituer une tonnelle à la fois pour des raisons esthétiques et pour procurer l'ombre appréciée par les dames de la Cour, lors des journées de grand soleil. Des topiaires de buis tout à fait étonnantes, taillées en boule, plantées dans des pots dorés à l'or fin ornent la pergola ; les rosiers grimpants sont palissés, et la pelouse délimite précisément le cadre visuel qui met en valeur les pièces d'eau. Au centre du bosquet, un bassin circulaire. On demeure stupéfait devant cet

Encelade en plomb doré dû à Gaspard Marsy. Encelade était un des Géants qui, pour avoir attaqué l'Olympe et bravé Zeus, fut terrassé par un magma de roches (la Sicile, dit la légende) lancées par Athéna. Il crache un jet d'eau de 23 mètres de haut lors des Grandes Eaux.

En 1706, Jules Hardouin-Mansart remania le bosquet sans le transformer comme il l'avait fait avec le bosquet des Colonnades. Par la suite, il fut remarquablement restauré entre 1992 et 1998 et se trouve dans l'état exact où André Le Nôtre l'avait conçu en 1675. L'ensemble est absolument spectaculaire, à la fois sur plan architectural et sur le plan végétal.

À côte du bosquet de l'Encelade, dans le même carré, le bosquet des Dômes appelé à sa création bosquet de la Renommée – dénomination peut-être un peu pompeuse. Conçu par Le Nôtre la même année que le précédent (1675), il devait être charmant.

En 1677, Hardouin-Mansart y adjoignit deux petits temples de marbre blanc, composés de huit colonnes de marbre rouge-brun, couronnés d'un grand fronton aux armes de France avec des ornements de bronze doré et dont les dômes s'achevaient par des groupes d'enfants. Tombés en ruine, ils ne furent, hélas ! jamais restaurés. Ils ont fini totalement détruits au début du XIXe siècle. Il ne reste aujourd'hui au centre du bosquet qu'un « petit canal » entouré d'une balustrade de marbre blanc et de pilastres de marbre rouge qui laissent à penser l'élégance que devaient avoir les deux petits temples de Hardouin-Mansart. Lecteur, vous devez être étonné que nous appelions « petit canal » ce bassin magnifique ; faut-il vous rappeler qu'au XVIIe siècle on utilisait le terme de canal pour définir un bassin ?

Nous avons parcouru la partie Midi des jardins, et avant de remonter sur la partie Nord, arrêtons-nous un moment. Imaginons l'agitation qui pouvait régner à Versailles pendant les travaux.

En 1685, au plus fort des transformations, on dénombre trente-cinq mille employés sur l'ensemble du domaine. Dix mille d'entre eux assurent les tâches domestiques de la famille royale, des nobles et des courtisans extrêmement nombreux. Trois cents chevaux servent dans les jardins pour transporter les arbres et la terre.

Aujourd'hui, la foule des visiteurs est considérable. Rien à voir avec l'animation extraordinaire qui régnait alors dans le château, et autour du château et des dépendances. L'ensemble était peuplé comme une ville, les curieux et

Le bosquet de l'Encelade.

les gentilshommes qui venaient pour leurs affaires étaient si nombreux qu'on avait quelquefois bien du mal à circuler. Tous les chroniqueurs de l'époque s'entendent pour dire que le roi et la reine étaient environnés d'une véritable cohue – au quotidien et pas seulement à l'occasion des fêtes. Le principe de la monarchie voulait que la demeure et la personne du roi fussent accessibles aux sujets. Le château, selon la volonté de Louis XIV lui-même, était ouvert à tous, sauf aux moines et aux mendiants – pourtant, on le sait, les mendiants ne se gênaient pas pour circuler dans l'enceinte du château.

On ne venait pas seulement de Paris, on venait aussi de la province et de l'étranger pour tenter d'apercevoir le roi, entendre le bourdonnement des courtisans, s'émerveiller du faste de la Cour. On rapporte que, un jour, Louis XIV se retrouva nez à nez avec un visiteur égaré en sortant du cabinet où il travaillait.

Nous avons aujourd'hui une vision idyllique des Jardins du roi, mais il ne faut pas oublier qu'à l'époque il en était tout autrement.

La population hétéroclite qui circule à l'intérieur du château et dans les jardins donne lieu bien souvent à des rixes, des bagarres, des coups de couteau, des attentats à la pudeur. Certains endroits sont répugnants, on a l'œil et le nez offensés par la vue et l'odeur des détritus.

Pour pénétrer dans les bosquets, s'y promener, y forniquer ou escroquer son prochain, de fausses clefs sont fabriquées. Le vol dans les jardins est devenu une activité lucrative. Même s'ils sont nombreux, les gardes ne suffisent pas à arrêter les auteurs des larcins. Pour mettre un terme aux déprédations, Louis XIV fait installer des grilles.

L'intérieur
du bosquet
de l'Encelade.

Versailles, à l'époque, était considéré comme la sixième ville de France par le nombre de ses habitants. Et la prostitution allait bon train dans les jardins et les bois alentour. Louis XIV se montra intraitable et fit publier en 1687 une ordonnance impitoyable pour préserver la santé de ses troupes. Nous insistons sur la nature du décret qui vise à préserver la santé des troupes, c'est dire l'hygiène des péripatéticiennes qui travaillaient dans les jardins et le seul souci du monarque qui n'avait rien à voir avec l'ordre moral. Il aurait été malvenu, du reste, lui-même ne donnant pas l'exemple de la plus rigoureuse des manières de vivre.

Les soldats arrêtés en flagrant délit dans les jardins ou les bois étaient traduits devant le Conseil de guerre ; les personnes s'adonnant à la prostitution ou la favorisant pouvaient avoir oreilles et nez coupés. Le racolage était sanctionné, les hôteliers des environs étaient passibles d'une amende de 500 livres, et la malheureuse fille, fouettée et exposée en place publique.

Les espaces verts furent de tout temps des lieux propices aux rencontres amoureuses, mais certaines aventures firent scandale. L'inflexibilité du roi ne manque pas d'étonner car les chambres de verdure étaient précisément délimitées par des clôtures, des treillages, des haies. On y pénétrait comme dans des pièces aux cloisons végétales. Les bosquets étaient accueillants – on peut même se demander s'ils n'avaient pas été créés pour cela ! Force est de constater que, à l'abri des regards, on pouvait s'isoler sans difficulté, comploter et même forniquer. Sans faire preuve de pudibonderie excessive, on peut considérer qu'il s'en passait de belles à Versailles !

Au début du règne de Louis XV, alors que trois marquis déambulaient dans les jardins, l'un d'entre eux éprouva un irrépressible désir pour l'un de ses compagnons de promenade. Peu habitué à ce genre de manifestation, le marquis convoité, choqué, repoussa sans ménagement son agresseur. Le troisième marquis se révéla sensible au charme du premier et lui fit comprendre qu'une étreinte rapide et sauvage dans les bosquets ne lui déplairait pas. Le marquis numéro un avait des goût précis, il refusa ses avances : il avait fait son choix et ne voulait point en démordre. Une dispute éclata, qui fit grand bruit, au point d'attirer un quatrième marquis bien connu des usagers des bosquets pour ses frasques passées qui lui avaient valu le surnom de « Braquemardus ». Ce quatrième marquis parvint à convaincre le deuxième jusqu'alors réticent aux propositions du premier. Il céda finalement dans un bosquet.

Louis XV s'étonna de l'absence des jeunes marquis. On lui répondit qu'ils avaient été surpris en train de briser des palissades et que, par conséquent, ils avaient été éloignés momentanément de la Cour. Comme on ne badinait pas à l'époque avec la morale, l'honnêteté nous oblige à dénoncer le marquis de Boufflers, dix-sept printemps au moment des faits, le marquis de Rambures, jeune marié, et leurs compagnons d'Alincourt et de Mesnes, qui furent embastillés d'abord, déportés ensuite. Pendant un siècle, les courtisans gays ayant fait leur *coming out* furent appelés des briseurs de palissades. Les mœurs ont bien changé...

Louis XIV avait exigé que le parc soit gardé par des gens en armes – des fusils chargés de balles qu'on avait pris soin de bénir, caractère sacré de la mission ! – au cas où elles atteindraient d'hypothétiques assaillants du roi.

Les jardins employaient également des gardes-chasse. Ils avaient pour mission de lutter contre le braconnage, mais ordre avait été donné de ne jamais tirer sur les braconniers. Il fallait les identifier mais en aucun cas les abattre. Louis XIV avait demandé que l'on tire dans les jambes des individus « assez hardis pour tirer les faisans dans le Petit Parc ».

Louis XIV ne veut pas voir ses sujets, ni en être vu

Mais revenons à notre visite promenade et remontons vers le château par les bosquets Nord.

En sortant du bosquet de l'Encelade et du bosquet des Dômes, on peut apercevoir le bosquet de l'Obélisque. Le Nôtre avait fait installer à cet emplacement, en 1671, la Salle du Conseil ou Salle des Festins. Ce bosquet a souvent été transformé, entre autres par Hardouin-Mansart. Lorsque ce dernier meurt, le bosquet prend son nom définitif : bosquet de l'Obélisque. Il a toujours été admiré pour son bassin central d'où jaillissent les eaux d'une couronne de roseaux. Les jardiniers l'appelaient « bassin des cent tuyaux ». Il alimentait 231 jets d'eau ; l'eau propulsée en l'air, grâce au génie des fontainiers, peut atteindre 23 mètres.

En sortant du bosquet de l'Obélisque, admirons le bassin de Flore et contournons le bosquet de l'Étoile. Il est pratiquement dans le même état qu'en 1704, époque à laquelle quelques transformations et aménagements furent entrepris. Il présente une allée circulaire, coupée en son milieu par une allée rectiligne et de petites allées subtilement tracées qui donnent à l'ensemble une forme géométrique en étoile. Sous Louis XIV, ce bosquet s'appelait la Montagne d'eau. Au centre, un bassin avec un amoncellement de rocailles d'où jaillissent douze jets d'eau. L'ensemble était charmant, protégé par de hauts treillages recouverts de chèvrefeuilles exhalant des senteurs que les dames de la Cour appréciaient.

En sortant du bosquet de l'Étoile, on se trouve face au Rond vert, bosquet aménagé en 1671 par André Le Nôtre. À l'époque on l'appelait le Théâtre d'eau. Les charmilles taillées en pans, l'amphithéâtre engazonné et la fontaine lui donnaient un éclat tout à fait particulier. Il subsista en l'état pendant le règne de Louis XV mais, malheureusement, les jets d'eau qui faisaient une grande partie de sa beauté cessèrent de fonctionner. Détruit en 1750, ce Théâtre d'eau devint une modeste pelouse sans grand intérêt. De l'ancienne présentation ne subsiste qu'un bassin dit « de l'Île des enfants », ravissante petite pièce d'eau installée en 1710 à l'extrémité Ouest du bosquet et sur laquelle on tombe si l'on sort de l'Étoile par l'allée centrale.

Pour en terminer avec les bosquets, allons voir les Bains d'Apollon, seul bosquet qui ait changé de nom avec chaque monarque. Créé en 1671 par André Le Nôtre, sa première version est un hommage à Mme de Montespan ; comme il était implanté dans une zone très humide des jardins, on l'appelait alors le Marais. En son centre se dressait un chêne de fer dont les branches latérales rejetaient de l'eau par toutes les extrémités. Il fut réaménagé en 1705 par Hardouin-Mansart qui y installa les *Chevaux du Soleil*, groupe de sculptures provenant de la grotte de Thétis, détruite en 1684. En 1713, six ans après la mort de la marquise, Louis XIV, ordonne la construction des bains de Diane. À sa mort, en 1715, la transformation n'est pas terminée, les travaux restent en l'état jusqu'à ce que Louis XV, en 1736, fasse aménager le lieu pour son fils âgé alors de sept ans.

Au centre des Bains de Diane, il fait ériger un petit édifice avec un bassin, des pelouses, des volières et des fleurs. L'architecte Gabriel installe deux grilles d'accès de manière qu'il soit impossible d'apercevoir la disposition intérieure du bosquet. Dans cet enclos le jeune Dauphin élève des canards et des tortues.

En 1743, l'année de ses quatorze ans, le Dauphin y organise une fête. Ce 22 août précisément, on dispose autour du bassin des fauteuils, deux pyramides de lampions et des chandelles. Pour la première fois, la Cour est invitée, alors que le lieu lui était interdit. Déception, la réjouissance se termina par un très modeste feu d'artifice.

Sous Louis XVI, lorsque le parc fut replanté pour la première fois, le bosquet fut redessiné vers1776 par le peintre Hubert Robert et prit le nom définitif de Bains d'Apollon. La mode du jardin anglais encouragée par Marie-Antoinette avait gagné la France : la rigueur n'était plus de règle. Hubert Robert fit des Bains d'Apollon le seul bosquet romantique de Versailles, un des plus appréciés pour son aspect champêtre. Un étang, des cascades, une grotte (entièrement artificielle) soutenue par des colonnes – qui abrite au centre *Apollon servi par les nymphes* – en contrebas, les *Chevaux du Soleil* pansés par des tritons – les tritons sont des divinités marines descendant du dieu Triton représentées avec un corps d'homme barbu et une queue de poisson. L'ensemble est magnifique, assez haut, la pierre participe au mouvement lors des Grandes Eaux. On y plante les mêmes essences que celles qui étaient utilisées dans les jardins anglais : des lilas, notamment.

Vers la fin des années 1970 un vieil orme contemporain de la création de la grotte vivait encore malgré la terrible graphiose qui s'était abattue sur tous ses congénères et qui l'avait épargné. Une jolie histoire circulait à propos de ce vieil habitant du bosquet des Bains d'Apollon. Un jardinier de Louis XVI (Antoine Richard, dit-on) avait planté, à la naissance d'un de ses fils, un orme dans la pépinière de Trianon. Au fur et à mesure que le gamin grandissait, le jardinier faisait une encoche sur le tronc de l'arbre pour mesurer la taille de l'enfant. Malheureusement, le garçonnet mourut, et le père, désemparé, voulut couper l'arbre. Louis XVI, informé, ordonna en 1778 que l'arbre soit épargné et déplacé vers

Les bains d'Apollon.

les Bains d'Apollon, près du château, lorsque la fameuse grotte fut créée. L'orme est mort il y a seulement une vingtaine d'années, et certains qui s'en souviennent prétendent qu'on pouvait encore voir dans l'écorce les marques du jardinier.

En sortant du bosquet des Bains d'Apollon, remontons nous installer à l'extrémité de la terrasse sous la galerie des Glaces, devant le parterre du Nord qui est le pendant exact du parterre du Midi, pratiquement en face du parterre d'Eau. Tenons-nous quelques instants en haut des marches pour admirer une fois encore la perspective, les jardins, la fontaine de la Pyramide, l'allée d'Eau, à gauche les Trois Fontaines, à droite l'Arc de triomphe, le bassin du Dragon, et enfin le bassin de Neptune.

Le parterre du Nord est traité en compartiments triangulaires engazonnés, bordés de plates-bandes, et ponctués d'arbustes et de topiaires. C'est le seul parterre de Versailles fleuri d'arbustes sous le règne de Louis XIV – probablement parce que les fenêtres des appartements du roi avaient vue sur ses aménagements. La parcelle initiale a été créée en 1663 directement au pied de la façade Nord du château ; elle a été doublée entre 1663 et 1666 par une autre parcelle à l'identique de la première.

Descendons l'allée centrale pour arriver devant la fontaine de la Pyramide et le Bain des Nymphes qui se trouve juste derrière, précédant l'allée d'Eau qu'on appelle également allée des Marmousets. Cette allée mérite une attention particulière : le somptueux alignement de topiaires démontre, s'il en était besoin, avec quelle virtuosité cet art difficile s'est déployé à Versailles. Entre les ifs taillés, admirez les vingt-deux petits bassins de marbre blanc d'où sortent des trios d'enfants en bronze soutenant une corbeille de fleurs et de fruits en marbre rose.

De part et d'autre de cette allée d'Eau, deux bosquets : à gauche en descendant, le bosquet des Trois Fontaines et à droite, le bosquet de l'Arc de triomphe.

Le bosquet des Trois Fontaines aurait été dessiné, dit-on, de la main même de Louis XIV. Il n'en est rien, il est l'œuvre de Le Nôtre. À la mort de Louis XIV, ce bosquet a cessé d'être entretenu ; il avait même complètement disparu en 1804, aucune trace n'en subsistait. Il a été intégralement reconstitué à l'identique en 2004. Il a retrouvé ses trois bassins, la multitude de jets d'eau qui faisaient sa réputation, ses gradins engazonnés et ses topiaires. Furent même réinstallés les coquillages qui ornaient les pièces d'eau ainsi que les magnifiques concrétions de grès aux formes tellement étonnantes. Ce bosquet, probablement le plus simple de tous, est exclusivement naturel, aucun apport de statuaire superfétatoire. On peut remarquer, longeant le bassin, la rampe de marbre qui permettait à Louis XIV, sujet à des crises de goutte, de circuler sur son fauteuil roulant.

Symétriquement, le bosquet de l'Arc de triomphe, qui fut également appelé bosquet de la France triomphante – les noms des bosquets changent au fil des siècles, tout comme ceux des allées –, a été conçu entre 1677 et 1684 par André Le Nôtre. Il a donc fallu sept ans pour planter les charmilles qui l'encadrent. On pourrait à juste titre s'étonner d'un tel délai, sachant qu'il se trouvait des végétaux disponibles dans les pépinières de Versailles et des alentours. Mais certaines réalisations ne plaisant pas au roi lors de ses premières visites, il donnait des instructions pour les démonter puis les refaire selon son bon plaisir. En matière de botanique, on conviendra que Louis XIV était particulièrement capricieux. Les aménagements étaient interrompus selon ses exigences, il ne tenait évidemment aucun compte de la lourdeur des travaux que ses foucades pouvaient entraîner. Le nivellement du sol, l'apport de terre nouvelle, l'installation hydraulique complexe, les amenées d'eau, le réglage des tuyauteries, le creusement de galeries techniques pour faire courir les canalisations, l'abattage des vieux arbres qui gênent : tous ces empêchements sont superbement ignorés par le monarque. Pendant les sept ans qu'a duré

Bosquets de Versailles. Plan aquarellé de Pierre Prieur (XVIIIe siècle).

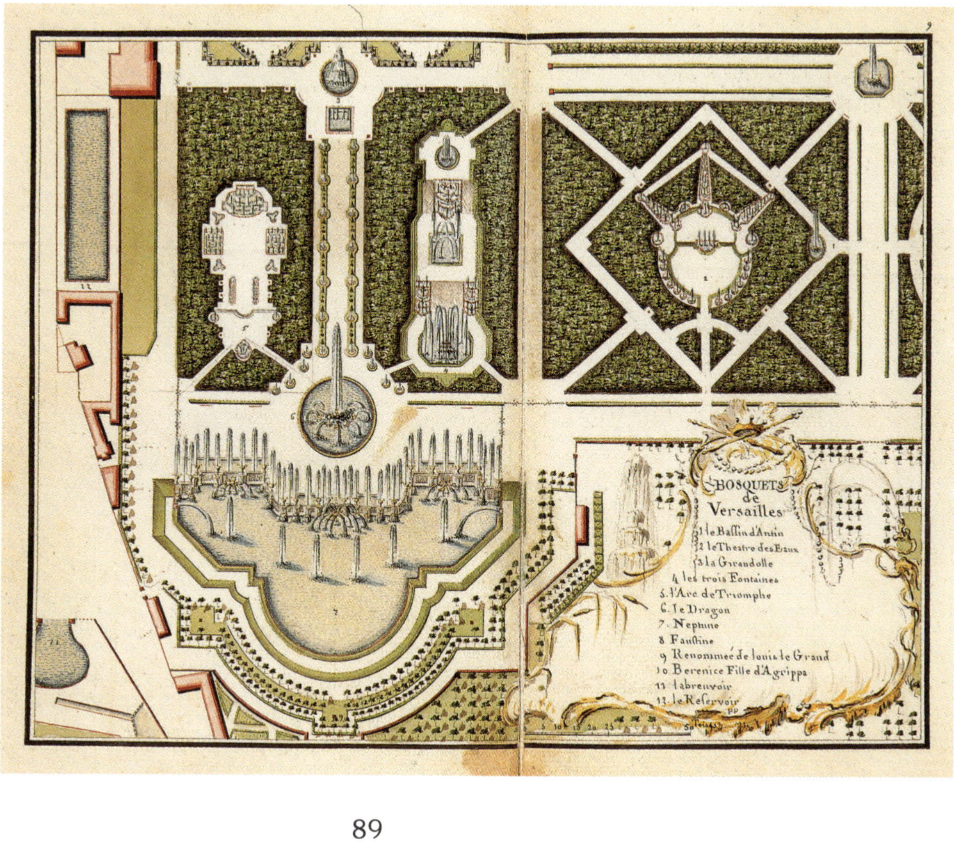

la réalisation de ce bosquet, on en a construit une bonne dizaine d'autres – rappelons que le parc en compte une quinzaine.

Il est intéressant de constater le peu de variétés végétales plantées dans ce bosquet de l'Arc de triomphe, essentiellement des érables, des charmes et des lauriers. Il existait, nous le savons, bien d'autres essences, mais les végétaux avaient une seule et unique fonction : encadrer, mettre en valeur les bustes et les statues.

Au cœur du bosquet il faut admirer le groupe de la *France triomphante*, particulièrement imposant.

L'entretien de ce bosquet fut abandonné sous le Directoire, la statuaire débarrassée. Un temps, l'espace fut affecté au préfet de Seine-et-Oise comme jardin privatif.

Quand vous lirez ces lignes, vous pourrez constater *de visu* à quel point la restauration récente à la feuille d'or est agressive, mais n'oubliez pas qu'elle va se patiner avec le temps. À l'époque de Louis XIV, ces excès étaient voulus ; dans les appartements, plafonds et lambris étaient recouverts de feuilles d'or. Pourquoi pas le même raffinement à l'extérieur puisqu'il s'agit des biens du Roi-Soleil ?

Devant le bassin de Neptune, le bassin du Dragon qui fut achevé en 1667. Arrêtons-nous un instant et tournons la tête à droite pour entrevoir, à l'extrémité de la très longue avenue de Trianon, le Grand Trianon. C'est cette grande allée qu'utilisait Louis XIV pour se rendre de Versailles à Trianon en carrosse. Vous pourrez admirer les murailles de hêtres et de charmilles de plus de huit mètres de hauteur et vous faire ainsi une idée précise des bosquets sous Louis XIV. La végétation ne devait jamais dépasser l'alignement car, de ses appartements, le roi voulait apprécier l'harmonie et l'équilibre qui régnaient sur l'ensemble de son domaine.

Le jet d'eau de 27 mètres de hauteur – le plus haut de Versailles – lancé par le dragon rappelle sa splendeur passée. Il ne restait rien de ce bassin qui dut être entièrement restauré en 1889.

Derrière le bassin du Dragon, l'incroyable, l'extravagant bassin de Neptune. Les exégètes ont fait couler beaucoup d'encre pour savoir si le bassin d'Apollon était plus beau, mieux placé, plus important. Force est de constater que le bassin de Neptune, avec ses jets d'eau, ses bassins et ses vasques, est le plus important. Il faut, une fois dans sa vie, assister aux Grandes Eaux, de mai à octobre, le dimanche et les jours de fête. Le spectacle est grandiose.

Situé à l'extrémité Nord du parc, il a été dessiné par André Le Nôtre et construit, de 1679 à 1682, sous sa direction d'abord, puis sous celle de Jules Hardouin-Mansart. Le 17 mai 1695, Louis XIV est présent et assiste

Le bassin du Dragon.

au somptueux spectacle d'une cinquantaine de jets d'eau s'élançant vers le ciel. Malheureusement cet étonnant ensemble hydraulique ne put être achevé, les difficultés financières s'étant aggravées à la fin du règne.

Sous Louis XV, 15 000 livres seront dépensées de 1729 à 1731 pour ce bassin. Les vases et les coquilles seront restaurées. L'architecte Gabriel est le maître d'œuvre de la reconstruction de cette exceptionnelle œuvre d'art qui fut achevée en 1740, l'arrière-petit-fils terminant les travaux entrepris pas son aïeul.

Le bassin de Neptune n'est séparé de la ville que par un simple mur, une plantation de tilleuls taillés en rideau masque l'urbanisation très proche.

Les maisons en bordure du parc n'ont pas toujours été occupées par des aristocrates fortunés. En reconnaissance de sa loyauté et de ses services, Louis XVI, le 30 octobre 1786, offrit à son valet Nicolas Martial Fourcieu un terrain de trente toises, face au bassin de Neptune. Celui-ci s'empressa d'y élever une habitation.

Louis XIV meurt en 1715. Beaucoup d'historiens laissent croire que sous la Régence les jardins ont été désertés. Erreur. Des milliers de promeneurs viennent chaque semaine dans les allées admirer l'ouvrage d'un château unique, sans conteste le plus beau domaine royal.

En 1720, Versailles – la ville – compte 25 000 habitants ; 4 000 personnes vivent dans l'enceinte du parc. La garde chargée de la protection du site et des souverains emploie 1 440 militaires.

Quand la Cour revient à Versailles en 1722, peu de choses ont changé sinon que les végétaux n'ont pas été entretenus. Louis XV manifeste une nette préférence – une vraie passion – pour Trianon. Au détriment des jardins du château : les crédits affectés à leur entretien sont réduits, on arrête même la taille des charmilles en palissade, c'est dire ! On a cessé de maintenir les arbres à la hauteur voulue par Louis XIV, leur ombrage étouffe les jeunes plantations.

Sous Louis XVI, on abat énormément de végétaux. En observant les tableaux d'Hubert Robert, on peut le constater. Après ces coupes claires, la Cour juge les jardins tristes, sans fantaisie, ouverts aux vents et, pour tout dire, démodés. Les arbres jeunes n'ont pas encore eu le temps de pousser, et les allées sont beaucoup trop ensoleillées pour les élégantes qui veulent préserver la blancheur de leur teint : elles délaissent les jardins de Versailles pour chercher l'ombrage des hautes frondaisons de Trianon.

À la Révolution, après le départ de la famille royale, le jardin n'est pas entretenu. Le laisser-aller est patent, les hommes en charge de l'entretien du parc et du château travaillent quand ils veulent bien, et on peut parfaitement imaginer les problèmes qui se posent : ils font, entre autres, commerce des clefs qu'ils ont en leur possession et qu'ils prêtent volontiers à des amis. En conséquence, une foule va et vient, sans aucun contrôle. Tout ce qui peut être volé l'est, les serrures, les portes, les vitrages, le bois des arbres et, bien sûr, tous les métaux trouvés çà et là. On peut même louer les services de faux conférenciers pour la visite des bosquets au détriment des huit gardes officiels accrédités le 8 août 1793. La colère des visiteurs est violente lorsqu'ils s'aperçoivent qu'après avoir acquitté leur droit de visite les pseudo-conférenciers s'enfuient avec leur argent à l'approche des gardes-bosquets patentés.

En 1793, dans le magnifique parterre de Latone que nous avons visité au début de cette promenade, on a fait pousser – très probablement à titre symbolique – des pommes de terre. Le long de l'allée Royale et dans divers bosquets, des arbres fruitiers furent plantés, plus de deux cents pommiers furent installés à l'Étoile royale en 1795. Le parc devint source d'alimentation. L'Étoile royale est une vaste prairie située entre la grille d'honneur et le Grand Canal d'où partent en étoile des allées qui s'enfoncent dans le Grand Parc.

Décadence permise pour sauver les lieux sous la Révolution

Le peuple veut s'approprier Versailles. Le délire provocateur s'empare des populations. Ainsi le 1er août 1794 (14 thermidor de l'an II), le citoyen Crassous ordonne le dépavage de la cour d'honneur et propose d'y semer de l'herbe. Quelques années plus tard, il semble loisible à un Versaillais nommé Machaux d'y installer ses moutons. Mais les mentalités évoluent, et le conseil municipal estime « qu'il serait indécent que l'on fît paître des bestiaux dans la cour d'un palais national ». La demande de Machaux est rejetée.

On a du mal à imaginer l'état des lieux. Le dénommé Le Roy, inspecteur en charge du domaine, s'exclame, après avoir constaté les nombreux vols : « Et par-dessus tout, une saloperie sans bornes… »

Les amateurs sont à juste titre inquiets car des menaces planent sur la statuaire. Il faut réorganiser la surveillance du domaine et, le 28 juillet 1795, treize gardes sont enfin recrutés pour parcourir les jardins et éviter les dégradations. Le même Le Roy s'emporte contre les militaires qui ont pris l'habitude de laver leurs uniformes dans les bassins et d'utiliser les charmilles comme séchoirs. Comment imaginer Versailles à cette époque après le luxe que nous venons d'évoquer ?

En janvier 1798, les participants à une journée patriotique, après avoir juré haine à la royauté et l'anarchie décident de se rendre dans la cour de Marbre. Après avoir cassé la pierre, creusé succinctement un trou, ils plantent un arbre et, naturellement, prononcent un discours. « L'arbre sacré de la liberté est appelé à dominer seul désormais sur le fastueux sommet de Versailles, sa tête sublime s'élèvera jusqu'aux nues et frappera les regards de tous les peuples de la terre. »

Discours patriotique enfiévré (sans doute copieusement arrosé) et incompétence botanique n'ont pas permis à cet arbre de survivre bien longtemps.

Versailles sera sauvé grâce à Napoléon. L'Empereur vient rarement mais il ordonne la réparation des statues endommagées, la restauration des bassins et la plantation de peupliers à l'Étoile royale en 1808. On peut s'étonner du choix de peupliers d'Italie. Il n'est pas innocent : leur origine rappelle à l'Empereur sa campagne d'Italie. Il exige également que des gardiens soient recrutés pour surveiller attentivement le parc et faire cesser vols et vandalisme.

Le temps passant, le laisser-aller s'installe, il faut attendre 1953 pour que soit adoptée la « loi » de sauvegarde de Versailles. Les pouvoirs publics s'intéressent enfin à ce lieu unique et le sauvent de la ruine.

La terrible tempête de 1999 a endommagé quantité de bosquets. Les vieux arbres n'ont pas résisté à la violence des vents. La restauration est en cours ainsi que les études et programmations ; quelques travaux ont commencé. ■

Chapitre 3

Les jardiniers de Versailles

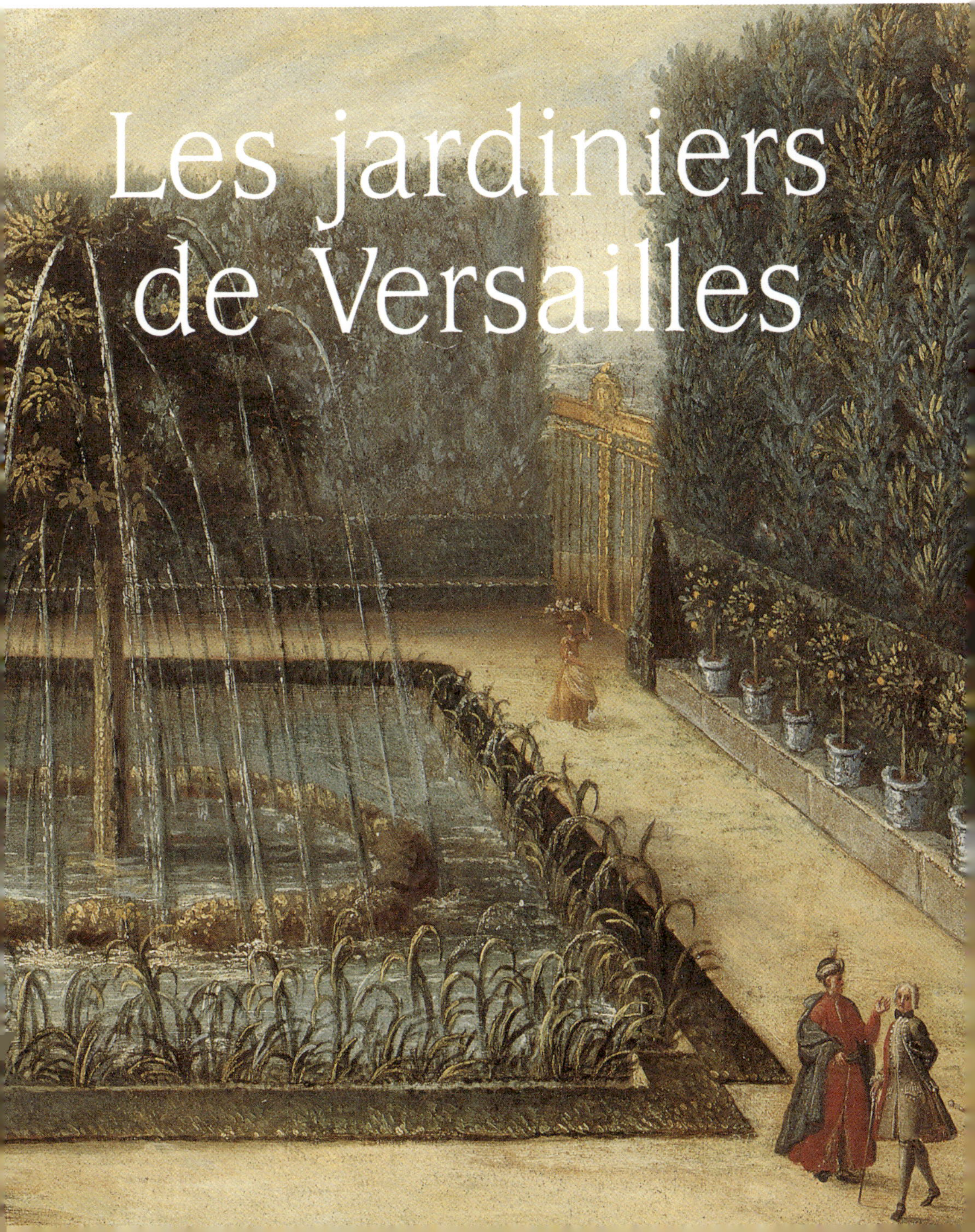

Les jardiniers de Versailles

Jusqu'au XVIe siècle, les jardiniers cultivaient et soignaient les plantes d'un jardin. La mode des parcs et des jardins entretenus transforma insensiblement la définition de leur activité : cinquante ans plus tard environ, on distingue dans les nomenclatures le jardinier-maraîcher (celui qui ne s'occupe que de la culture des légumes), le jardinier-tailleur d'arbres fruitiers, le jardinier-pépiniériste, le jardinier-décorateur (chargé de l'entretien des bosquets, des boulingrins, de la route, des palissades), et enfin le jardinier-« parterriste », selon le mot de l'époque, ou fleuriste. Apparemment, il n'y a rien de commun entre ces jardiniers. Le plus difficile, disait-on déjà, étant d'en trouver.

Au milieu du XVIIIe siècle, la situation avait peu évolué, on se plaignait qu'il n'y eût point d'école, de « maîtres pour l'agriculture et pour les jardins ». Les jeunes apprenaient généralement le métier chez leur père ou auprès d'un maître. Mais si ceux-ci étaient incompétents et leur enseignement sommaire, on pouvait craindre que les arbres soient mutilés, le potager ruiné, les bosquets dévastés avant que les disciples s'acquièrent par eux-mêmes une pratique sûre, pour peu qu'ils en aient le talent.

Le Bosquet du Marais dans les jardins de Versailles, détail de deux jardiniers. Huile sur toile, école française (XVIIIe siècle).

Actuellement, s'il y a des écoles de formation pour les jardiniers, elles se limitent au travail en pépinière, au maraîchage et à l'arboriculture.

Qui a le premier créé les Jardins du roi à Versailles ? Jacques de Menours, Claude Mollet, André Mollet ou Jacques Boyceau de La Barauderie ?

Jacques Boyceau de La Barauderie est né en 1562 en Saintonge, région à prédominance protestante. Officier au service du roi Henri IV, il quitte rapidement l'armée et devient gentilhomme ordinaire de la Chambre du roi, titre qu'il a gardé sous le règne de Louis XIII qui le nomma intendant des Jardins du roi en 1620. Son ouvrage, *Traité du jardinage selon les raisons de la nature et de l'art*, publié à titre posthume en 1638, est avec celui de Claude Mollet le manifeste fondateur du renouveau des jardins en France. Il y développe des idées – formes géométriques, carrés et rectangles, longues allées offrant des perspectives agréables – qui seront ensuite attribuées à Le Nôtre, lequel saura se les approprier et les développer à son tour. Il étudie dans le moindre détail la longueur et la largeur des allées et la hauteur des végétaux qui les bordent pour aboutir aux proportions idéales. Il évoque également les allées couvertes et découvertes. Il casse la monotonie des lignes droites par des bassins, il intègre dans les jardins des fontaines, des sculptures, des bosquets, des pavillons. Il développe l'art topiaire, ainsi que l'apport de l'eau dans les jardins. Et, pour la première fois, les mots architecture et mathématiques sont intégrés dans le vocabulaire du jardin.

Si l'impact considérable de son œuvre est occulté par la relation que Le Nôtre établit personnellement avec Louis XIV, il serait injuste d'oublier que les dessins de certains parterres du château de Fontainebleau, du château neuf de Saint-Germain-en-Laye, du Louvre et des Tuileries sont de sa main. C'est lui qui a conçu pour Marie de Médicis les jardins du Luxembourg, et il est indiscutable que le parc du château de Versailles, tel qu'il fut ordonné par Louis XIII, est sa création. On ne peut pas s'extasier sur le rapport méticuleux entre les jardins et les bâtiments, voulu par Le Nôtre et probablement par Louis XIV, sans reconnaître l'influence de Boyceau.

Portrait de Jacques Boyceau de La Barauderie. Estampe de Grégoire Huret (XVIIe siècle).

Peut-on attribuer l'origine et les principes du premier parc de Versailles à Boyceau ? On en a longuement débattu. D'autant qu'il démissionna de son poste d'intendant des Jardins du roi. Mais n'oublions pas que son successeur fut son propre neveu, Jacques de Menours, qu'il a formé et qui travaillait à ses côtés depuis longtemps. Menours a indubitablement mis en pratique les principes de son oncle lorsque les travaux ont commencé, et nous savons avec certitude qu'un parterre de broderie et un parterre de pelouse – vraisemblablement devant la façade du château, côté parc – étaient de la main de Boyceau.

L'autre jardinier de Versailles fut Claude Mollet, Claude Mollet le jeune, à ne pas confondre avec Claude Mollet père qui travaillait essentiellement sous Henri IV en tant que jardinier en chef du roi et qui nous a laissé un ouvrage de référence : *Théâtre des plans et jardinages*.

Il y a quelquefois confusion entre les Mollet. Claude Mollet père, en effet, eut quatre fils, dont Claude le jeune et André, qui, l'un et l'autre, eurent un rôle prépondérant dans le développement de l'art des jardins.

Claude Mollet, Jacques de Nemans, les initiateurs des jardins

Encouragé par son père, le jeune Claude a débuté sa carrière avec Jacques Boyceau de La Barauderie. Nous sommes certains qu'il a participé à la réalisation des jardins du Luxembourg ; il a également travaillé à Versailles, à Saint-Germain-en-Laye, au Louvre et aux Tuileries avec son maître Boyceau.

À la mort de Boyceau, il fut chargé par Mollet père, toujours en poste, de réaliser le parterre de Versailles. Puis, en 1645, il fut nommé dessinateur des plans et jardins du roi. Il dut éprouver une grande déception, en 1649, quand Le Nôtre fut nommé jardinier en chef des Tuileries. Même s'il avait réalisé les plans des jardins et même si Le Nôtre s'en était fortement inspiré – pour ne pas dire qu'il les avait copiés –, une jalousie féroce régnait déjà entre les jardiniers. Était-ce intentionnel de la part du roi de nommer ses jardiniers à des postes très proches ? Peut-être pour créer entre eux une saine émulation...

André Mollet, l'autre fils de Mollet père, était un architecte de jardin reconnu. Il travailla essentiellement à l'étranger : en Angleterre, puis en Suède.

André est l'auteur d'un ouvrage de référence, *Le Jardin de plaisir*, qui fut traduit en anglais. Dans ce livre intéressant, très complet, largement inspiré de celui de son père, il évoque l'unité dans la composition, la noblesse essentielle de l'axe principal, l'aménagement des points de fuite, le choix des végétaux et leur taille (il fut un spécialiste des fruitiers nains). Il considère qu'un parc digne de ce nom ne saurait être inférieur à vingt hectares. Il revendique même l'origine des broderies de buis, et en cela il conteste les travaux de son père.

Il semblerait qu'il ait entrepris également de faire du commerce de plantes ; ses héritiers ont beaucoup développé à l'étranger ces activités et poursuivi un commerce international de végétaux spécialisé dans les arbres fruitiers, les agrumes et les bulbes.

André Mollet est mort en 1665, victime de l'épidémie de peste, cinq ans seulement après son père.

Le XVIIe siècle est une période faste pour les jardiniers : certes, on se jalouse, on prend de mauvais coups, on se dispute les marchés, mais on s'enrichit rapidement.

Les rois font la fortune des jardiniers

Comme chez les Mollet, Jean Le Nôtre, le père d'André Le Nôtre, savait ce que les affaires signifient. Un seul exemple : après avoir traité un marché important – la réalisation du jardin du maréchal de Bassompierre à Chaillot –, il signe un contrat d'entretien de 3 750 livres par an sur trois ans, puis négocie ce contrat pour 1 100 livres par an avec un dénommé Martin Boquet. Jolie marge, alors qu'il s'est débarrassé du travail !

Il existe assez peu de documents révélant les relations exactes entre Claude Mollet père et Jean Le Nôtre. On a parlé de mésentente, de jalousie. Qui était le « patron » ? Tantôt l'un, tantôt l'autre probablement. Ce qui est certain, c'est qu'ils étaient en concurrence sur les mêmes affaires. Si l'un emportait les adjudications de travaux, il les sous-traitait avec l'autre – les affaires sont les affaires –, et tous deux semblent s'être assez bien accordés pour partager les marchés de jardinage et éventuellement s'associer quand ceux-ci étaient trop lourds pour une seule et unique personne.

Si Claude Mollet a eu quatre fils, on l'a vu, Jean Le Nôtre n'en a eu qu'un, André.

La jeunesse du célébrissime André Le Nôtre est assez discrète. On sait que son prénom lui vient de son parrain, André Bérard de Maisoncelles, contrôleur des Jardins sous Henri IV et Louis XIII.

Il est né en 1613. En 1637, il récupère les charges de son père, jardinier du roi aux Tuileries, et, en 1643, il devient le dessinateur des Jardins du roi. Nul ne sait exactement à quoi correspond ce dernier titre.

Il semblerait qu'il se soit destiné à la peinture ou au dessin et qu'il aurait fréquenté l'atelier de Simon Vouet. Il aurait été le disciple de l'architecte François Mansart.

Nous constatons qu'il a bien observé et mis en pratique les leçons de son père car en 1657, le 12 mai précisément, il achète l'office de contrôleur général des

Bâtiments du roi, moyennant la somme de 40 000 livres pour un revenu annuel de 5 440 livres. Une affaire juteuse, un coup de maître !

Il est donc en charge de contrôler les mémoires des entrepreneurs avant de les remettre au trésorier-payeur, et de contrôler également les travaux entrepris. On peut imaginer l'intérêt que ce poste présentait. D'autant que les mœurs n'ont guère changé depuis cette époque.

Portrait d'André Le Nôtre. Huile sur toile de Carlo Maratta (1680).

On reste confondu devant l'extraordinaire capacité de travail d'André Le Nôtre tout au long de sa vie. Il a réellement commencé sa carrière en 1645/1646 à Fontainebleau – à trente-deux ans –, et en 1693, trois ans avant sa mort, il travaillait encore à Marly. Entre ces deux dates : Vaux-le-Vicomte, Chantilly, Saint-Germain-en-Laye, Versailles et Trianon, les Tuileries et les Champs-Élysées, Sceaux, Saint-Maur, le Palais-Royal, Saint-Cloud, Meudon, Issy, Saint-Cyr, Pontchartrain et, enfin, Marly.

Il parcourt la France pour trouver des végétaux, mais il se rend aussi à l'étranger, notamment en Italie, en 1679, où il découvrira le génie de l'eau. À son retour, l'hydraulique n'a plus de secrets pour lui. Cet homme entier, doté d'un vrai tempérament et d'une vraie fidélité, profitera de son séjour en Italie pour rendre visite à Nicolas Fouquet, emprisonné au fort de Pignerol.

Comme si ses activités en France ne lui suffisaient pas, il offre ses services dans toute l'Europe. Il est insatiable : trois ans avant sa mort, il sollicite de nouveaux marchés en Angleterre, pour le parc de Windsor, en Italie, pour la Venaria Reale de Turin, en Suède, pour les jardins et le château du roi dévasté par un incendie… Avec un culot monstre, il n'hésite pas à vanter « la beauté et la grandeur de ses travaux ».

Le Nôtre, grand architecte, copiste génial et brillant affairiste

Certes, il s'entoure très probablement d'assistants ou de petites mains, comme le font tous les architectes et grands créateurs de jardins de notre temps qui montent une agence. Mais curieusement, il n'a laissé que quelques lettres très tardives. Pas d'ouvrages, pas de dossiers, pratiquement pas de dessins, pas d'annotations, rien qui puisse illustrer son talent.

Quelques anecdotes donnent une idée de son caractère.

Reçu par le pape au Vatican, il manifeste un certain embarras en présence du souverain pontife, et spontanément, il embrasse le Saint-Père. Certains s'empresseront, avec une certaine malveillance, de rapporter la scène à Louis XIV : « Imaginez, Le Nôtre a osé embrasser le pape. » Le monarque aurait répliqué : « Moi aussi, j'embrasse Le Nôtre. »

Il n'est pas dépourvu d'humour. Comme Louis XIV se plaint perpétuellement de la lenteur des travaux, il lui rappelle qu'architecture et jardinage requièrent beaucoup de patience. Quand, en 1675, le roi décide de l'anoblir, il lui demande de choisir ses armoiries. Le Nôtre lui répond : « Sire, vous déplorez ma lenteur, faites figurer des limaçons. » Louis XIV le prend au mot, trois limaçons figurent sur le blason.

Le Nôtre a du caractère, un vrai tempérament : nulle crainte d'exprimer ses désaccords à la Cour, devant Louvois et même devant le roi. Il peut tout se permettre, le roi le vénère. Et, privilège insigne, lorsqu'il fut devenu impotent avec l'âge, c'est Louis XIV lui-même qui poussait son fauteuil roulant dans les allées du parc.

Le Nôtre était richissime. Il est, rappelons-le, surintendant des Bâtiments de la Couronne, et à ce titre, comme de nos jours les architectes des Monuments historiques, il a la charge de commander les travaux et de les faire exécuter, et il touche probablement un pourcentage important sur le montant des sommes dépensées. Sa fortune était colossale, il légua par testament au roi certains tableaux, preuve, si besoin était, qu'il avait réussi à rassembler durant sa longue vie une collection personnelle assez fabuleuse.

En 1693, il se retire de Trianon et travaille encore quelque temps à Pontchartrain, sans pour autant cesser d'imaginer, inventer, créer.

Le 15 septembre 1700, à 4 heures du matin, André Le Nôtre s'éteint. Conformément à ses dernières volontés, son corps repose en la chapelle Saint-André de l'église Saint-Roch, à Paris.

Le Nôtre est-il un architecte plutôt qu'un jardinier ou l'inverse ? Mérite-t-il la renommée que l'Histoire lui accorde ? Nous savons qu'il se défendait d'être architecte, même s'il lui arrivait de dessiner croquis et plans, même s'il assistait quelquefois aux séances de l'Académie d'architecture, même si sa bibliothèque – à sa mort, on pouvait visiter son cabinet – ne comportait que peu de livres mais essentiellement des ouvrages d'architecture.

Le Nôtre est un jardinier de la démesure.

Avant lui, les jardiniers étaient de simples exécutants qui soignaient les plantes. Aucun autre, dans l'histoire de France, n'a eu le pouvoir, la liberté, les moyens dont il a été gratifié. Il a su en profiter. Il a créé, il a connu la gloire, il est devenu immensément riche. Au surplus, il a obtenu ce qu'aucun de ses prédécesseurs n'avait eu avant lui : la considération de son métier et la possibilité de réaliser des jardins de bout en bout : les concevoir, les dessiner (ou les faire dessiner), les planter, les décorer. Il a su intégrer aux jardins l'art de la statuaire, des eaux et fontaines.

Incontestablement l'homme a eu du génie. Était-ce un jardinier ? Nous n'en sommes pas certains.

Le Nôtre a totalement occulté les autres grands jardiniers du règne de Louis XIV qui ont largement contribué à faire des jardins de Versailles ce qu'ils sont.

Nous aurons une pensée émue pour la famille Hilaire Masson, pour Michel II Le Bouteux ainsi que Michel III le Bouteux, Pierre II Desgots et Claude Desgots qui furent des contemporains, des auxiliaires et probablement les exécutants de Le Nôtre.

La charge de jardinier se transmettait généralement de père en fils, ou même d'un jardinier à sa veuve. Et on se mariait souvent entre personnes de la même corporation.

Jardinier, de père en fils, ou même de mari à veuve

La famille Trumel, tout entière vouée au jardinage, en témoigne. L'ancêtre, Michel Trumel, a deux fils, Pierre et Nicolas, tous deux jardiniers. Nicolas Trumel épousera Marguerite Le Nôtre, cousine germaine de Jean Le Nôtre, le père d'André. Nicolas et Marguerite auront deux fils : Marin Trumel, qui sera jardinier du roi, et Antoine Trumel, qui travaillera à Vaux-le-Vicomte comme fleuriste, puis à la pépinière du Roule. Parmi les enfants de Marin, Jean Trumel sera jardinier comme son père, Geneviève épousera Henry Dupuis, et Marie épousera le célèbre Pierre Collinot, un jardinier « servant à cheval, ayant l'inspection sur les ouvriers qui travaillent aux plants d'arbres de Marly et Versailles ». De cette union naîtra en 1680 *Pierre II Collinot*, futur apprenti d'André Le Nôtre. Versailles, on le voit, est une grande famille.

Macé Fouché est employé à Versailles très tôt, dès 1664. Sa mission est de gérer au mieux le Petit Parc. Il mourra huit ans plus tard, et c'est son gendre, Jean

Collinot, frère de Pierre dit le Jeune et oncle de Pierre II, qui lui succédera.

Pierre Gaujard, jardinier en chef des Jardins du château de Versailles en 1698, a donné naissance à une longue lignée de pépiniéristes : Pierre, qui fut célèbre sous l'Empire, Claude dit Rome (parce qu'il est né le même jour que le fils de Napoléon), Alcide, Narcisse, Raymond, Jean-Marie, Jean-Jacques... Aujourd'hui, la neuvième génération perpétue la tradition à Feyzin.

D'autres noms apparaissent sur les documents anciens. Jean-Baptiste Boivinet, jardinier aux Tuileries, qui succède à Henry Dupuis et assume l'entretien de l'Orangerie et du Petit Parc en 1703, Louis Houdouin, qui fit de la Ménagerie du roi un délice, Nicolas Houet, qui se spécialisa dans les travaux de terrassements. Ou encore Jacques Robert qui arme d'épines les arbres pour « les conserver es bestes fauves ».

Tous ces gens-là qui se sont fait un nom étaient fort bien payés, les textes le prouvent. Louis XIV, qui tenait à la qualité de son personnel, n'hésitait pas à leur octroyer des gages beaucoup plus avantageux que ceux que leur auraient accordé des particuliers, même dans la noblesse. Ils étaient pour la plupart des sous-traitants d'André Le Nôtre ou d'autres très grands de la profession.

Payer pour s'approprier les meilleurs

Mais l'histoire n'a pas jugé bon de retenir le nom de tous les anonymes, les sans-grade, qui travaillèrent dur pour un salaire de misère : jardiniers, terrassiers, taillandiers (bêches et pioches), tourneurs (échelles), jardiniers du potager, jardiniers fleuristes, voituriers, ouvriers à la journée, jardiniers inspecteurs, dessinateurs, glaisiers, sabotiers, potiers, taupiers, ratiers, moussiers, bûcherons, arpenteurs, calfateurs, vanniers, feuillardiers, faiseurs de balais, tuiliers...

Qui se souvient encore de Jacquelin, de Mathias Prieur, de Nicolas Peletier, de ceux qui se sont épuisés à la tâche et ont perdu la vie au service du roi ?

Nous ne pouvons passer sous silence Jean-Baptiste de La Quintinie. Ce grand jardinier dans la lignée d'Olivier de Serres et d'Arnauld d'Andilly est né en 1624. Rien, *a priori*, ne le destine au jardinage. Il fait de brillantes études de droit, devient un avocat renommé.

Cependant, après avoir lu *Legendre, curé d'Hénouville*, ouvrage attribué à Arnauld d'Andilly, voilà qu'il se passionne pour la culture fruitière et potagère. Imprégné de théorie, il s'exerce à la pratique. Il crée des jardins potagers, notamment à Chantilly, à Rambouillet et, surtout, le plus célèbre, à Vaux-le-Vicomte. En 1662, après la disgrâce de Fouquet, il est appelé à Versailles, et en 1670 il est nommé directeur des Jardins fruitiers et potagers des Maisons royales tout en continuant à veiller sur les anciennes créations.

En cinq ans, de 1678 et 1683, il crée le Potager du roi, à côté de la pièce d'eau des Suisses, sur le lieu-dit « de l'étang puant », aidé dans son travail par Mansart. Ensemble, ils étudient la topographie, dessinent, échafaudent des plans, élaborent la configuration du lieu et de l'ensemble architectural.

La Quintinie réussit à faire de ce marécage un jardin potager et fruitier des plus spectaculaires qui s'étend sur neuf hectares et produit fruits et légumes pour alimenter la table royale et la Cour.

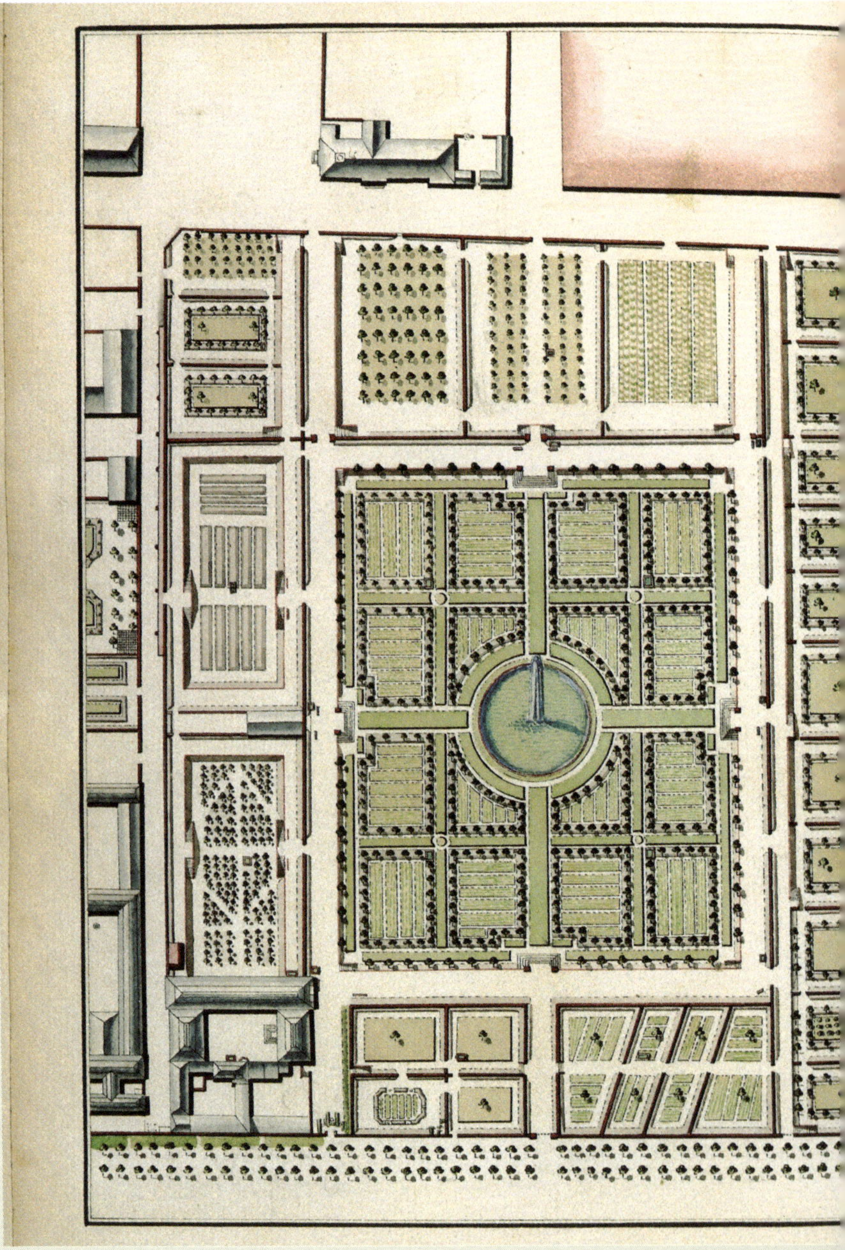

Le Potager du roi. Plan aquarellé dressé en 1747. École française (XVIIIe siècle).

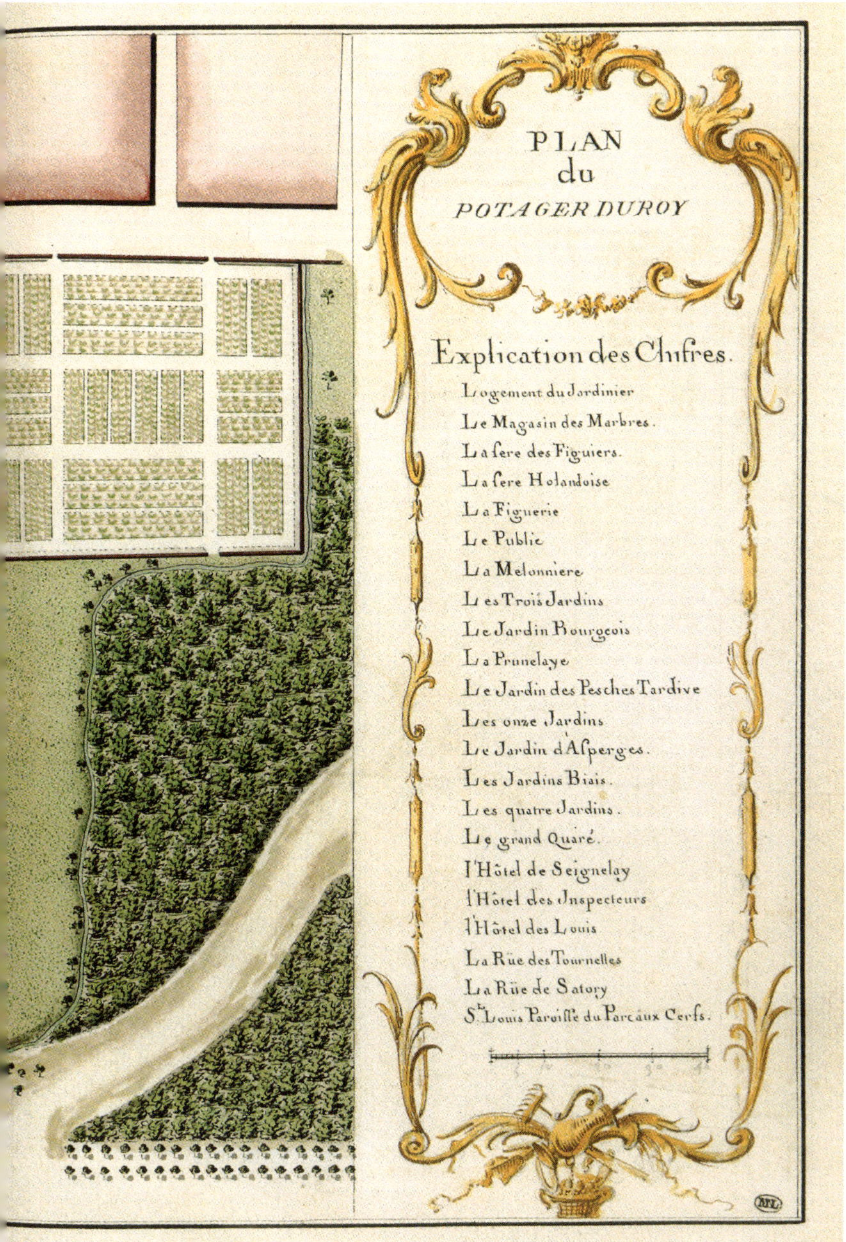
PLAN
du
POTAGER DUROY
Explication des Chifres.
Logement du Jardinier
Le Magasin des Marbres.
La sere des Figuiers.
La sere Holandoise
La Figuerie
Le Public
La Melonniere
Les Trois Jardins
Le Jardin Bourgeois
La Prunelaye
Le Jardin des Pesches Tardive
Les onze Jardins
Le Jardin d'Asperges.
Les Jardins Biais.
Les quatre Jardins.
Le grand Quaré.
l'Hôtel de Seignelay
l'Hôtel des Inspecteurs
l'Hôtel des Louis
La Rüe des Tournelles
La Rüe de Satory
St Louis Paroisse du Parc aux Cerfs.

Influencé par le roi sans doute, il entend forcer la nature. Grâce à la construction de hauts murs qui bordent vingt-neuf petits jardins clos, il parvient à obtenir un microclimat qui lui permet d'étaler les récoltes.

Il installe des carrés cultivés « d'herbes, concombres et autres verdures ». Il s'intéresse aux poires, aux pêches, aux autres fruits, et tout spécialement aux prunes et aux melons, pour lesquels il dresse le plan d'une prunelaie et d'une melonnière. Il crée une figuerie suivant le principe de l'Orangerie : un jardin en creux pour maintenir les arbres à l'abri du vent en été et un bâtiment pour abriter les figuiers en caisse durant l'hiver.

En 1687, à l'âge de soixante et onze ans, il est anobli par le roi et, à sa demande, rédige l'*Instruction pour les jardins fruitiers et potagers* qui fut publié en 1690, deux ans après sa mort. Ouvrage remarquable dans lequel s'exprime pleinement sa maîtrise de l'art de la taille, notamment la taille en espalier.

Le roi visite régulièrement son potager, il descend les Cent Marches et vient discuter avec La Quintinie. Il l'écoute attentivement lui expliquer les finesses du métier. Le roi se passionne pour la greffe, technique où La Quintinie excelle.

Maîtriser la nature : manger de tout en toute saison

Le 1er septembre 1715, Louis XIV meurt. Durant les sept années qui suivent, Versailles est pratiquement délaissé. Il faut attendre 1722 pour que son arrière-petit-fils s'y s'installe à nouveau.

Le Petit Parc n'est guère modifié, mais Louis XV, féru de botanique, ordonne la création d'un jardin botanique à Trianon. C'est là désormais que les grands jardiniers de l'époque seront appelés à exercer leur talent.

Les modes passent et le jardin à la française perd de son attrait. Déjà se profilent de nouveaux jardins aux courbes sensuelles. Des jardins de plaisir, plantés d'arbres rares.

Le Nôtre n'a pas que des amis

Sous le règne du Bien-Aimé, certains critiquent sévèrement l'œuvre de Le Nôtre, tel le marquis René-Louis de Girardin. Grand voyageur, l'homme a découvert en Angleterre un domaine exquis, Leasowes. Il en revient ébloui, avec le projet de s'en inspirer. Il crée des jardins. Et surtout il polémique. En 1777, c'est-à-dire sous le règne de Louis XVI, il fait paraître un ouvrage intitulé *De la composition des paysages, ou des moyens d'embellir la nature autour des habitations, en y joignant l'utile à l'agréable*. Il y condamne l'œuvre de Le Nôtre dans des propos sans appel : « Le fameux Le Nôtre, qui fleurissait au dernier siècle, acheva de massacrer la nature en assujettissant tout au compas de l'architecte ; il ne fallut pas d'autre esprit que celui de tirer des lignes et d'étendre le long d'une règle celles des croisés du bâtiment ; aussitôt la plantation suivit le cordeau de la froide symétrie ; le terrain fut aplati à grands frais par le niveau de la monotone planimétrie. [...] Les arbres furent mutilés de toute manière, les eaux furent enfermées entre quatre murailles, la vue fut emprisonnée par de tristes massifs ; et l'aspect de la maison fut circonscrit dans un plat parterre découpé comme un échiquier. » Il en rajoute même, assurant que la porte permettant de s'enfuir de ce lieu sinistre (Versailles !) fut bientôt le chemin le plus fréquenté... ■

Chapitre 3

L'Orangerie royale

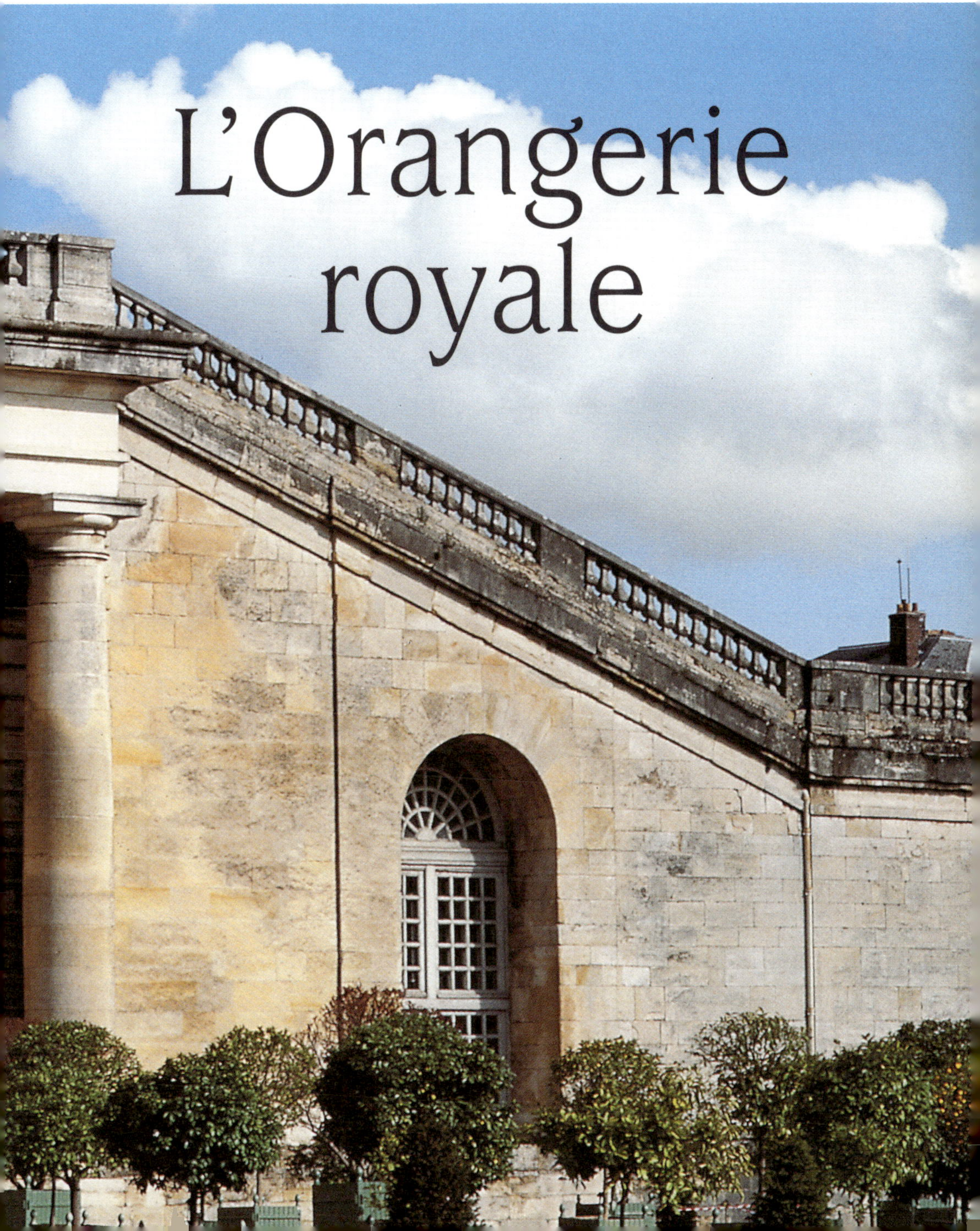

L'Orangerie royale

Nous ne verrons jamais la première Orangerie royale en brique rouge réalisée par Le Vau en 1663. Cette ravissante petite bâtisse avait été construite très rapidement pour abriter les orangers « offerts » ou « empruntés » à de riches propriétaires. Elle recevra aussi les 500 arbres et arbustes confisqués à Fouquet à Vaux-le-Vicomte.

Elle se révéla rapidement trop petite pour les ambitions agrumicoles de Louis XIV et fut démolie en 1684. En lieu et place, en deux ans et pour un montant de 475 000 livres, Jules Hardouin-Mansart édifia l'admirable bâtiment que nous visitons aujourd'hui et qui fut appelé l'Orangerie royale. Immense galerie de 156 mètres de long et 21 mètres de large – qui constitue le soutènement des parterres du Midi –, flanquée de deux ailes en retour de 117 mètres de long qui supportent les escaliers monumentaux des Grands Degrés – qu'on a coutume d'appeler aujourd'hui les Cent Marches. La voûte est particulièrement belle : 13 mètres de haut, 12 de large, avec des murs épais de 4 à 6 mètres.

Existe-t-il un bâtiment plus élégant que l'Orangerie ?

L'Orangerie royale.

Galerie intérieure de l'Orangerie.

Pour se rendre vraiment compte du considérable travail de terrassement qu'il a fallu entreprendre pour venir à bout du monumental et mystérieux bâtiment dont on ne voit que l'entrée et les fenêtres, il faut se rendre de l'autre côté de la pièce d'eau des Suisses. C'est de là qu'on a la vue la plus spectaculaire sur l'Orangerie.

L'intérieur est d'une austérité, d'une rigueur monacales. Cela est évidemment voulu par Hardouin-Mansart pour créer un contraste absolu avec les autres bâtiments du château.

L'entrée principale, située à l'ouest, ouvre sur une rotonde où sont installées deux statues et la cuve octogonale provenant du salon des Bains, salle d'eau magnifique et luxueuse installée sous Louis XIV et aujourd'hui disparue.

Cette « cuve baignoire » de 3,20 mètres de large, taillée dans un bloc de marbre rose, permettait à plusieurs personnes de se baigner ensemble. Elle se remplissait d'eau chaude ou froide grâce à un réservoir qu'il était possible de chauffer. L'endroit est transformé au XVIIIe siècle, et Louis XV fait don de la baignoire à Mme de Pompadour pour le jardin de sa résidence de l'Hermitage. Vingt-deux hommes sont nécessaires pour la déplacer. Elle trône dans le jardin jusqu'à la Révolution. La baignoire est ensuite vendue par les religieuses qui ont investi les lieux. Les nonnes souhaitent se débarrasser d'un « monument » témoin de scènes contraires à la morale. Elle passe ensuite de main en main, et le dernier propriétaire est Robert de Montesquiou. Elle sera réinstallée dans la rotonde de l'Orangerie en 1936.

Les deux statues qui ornent toujours la rotonde représentent *Atlas* métamorphosé en montagne et *Phaétuse* changée en peuplier. Commandées par Louis XIV au sculpteur Théodon qui travaillait à Rome, elles étaient destinées au château de Marly. Louis XV les offrira à la marquise de Pompadour pour son domaine de Menars, près de Blois. Après la Révolution, elles furent placées dans le jardin des Tuileries où elles restèrent jusqu'en 1870. Par la suite, elles seront déposées au Louvre, puis installées à Versailles en 1936.

Dans la grande galerie, une gigantesque statue en marbre de Louis XIV, exécutée par Desjardins en 1683, l'année précédant la construction de l'Orangerie. Elle sera endommagée pendant la Révolution puis restaurée. Son double installé place des Victoires, à Paris, ne survivra pas aux émeutes.

Le génie de Mansart fut d'adapter l'architecture à la fois à l'usage du lieu et à la technique connue à l'époque. En effet, ce bâtiment fonctionne comme un immense calorifuge alors qu'il n'y a aucune chaudière ; 26 baies composées chacune de doubles vantaux, eux-mêmes équipés d'un double vitrage, permettent de conserver à la galerie une température constante de 10 °C. La chaleur, accumulée pendant la belle saison, de juin à octobre, est ainsi restituée en hiver.

L'Orangerie ne peut qu'éveiller l'admiration de tous, et on comprend l'ambassadeur du Siam qui s'étonnait que Louis XIV fût assez riche pour faire construire une si belle maison uniquement destinée à des orangers.

En quittant l'Orangerie pour retrouver le parterre du Midi, il faut prendre de préférence l'escalier de gauche. Au bas des degrés on ne distingue rien, mais en remontant lentement, marche après marche, on voit le château

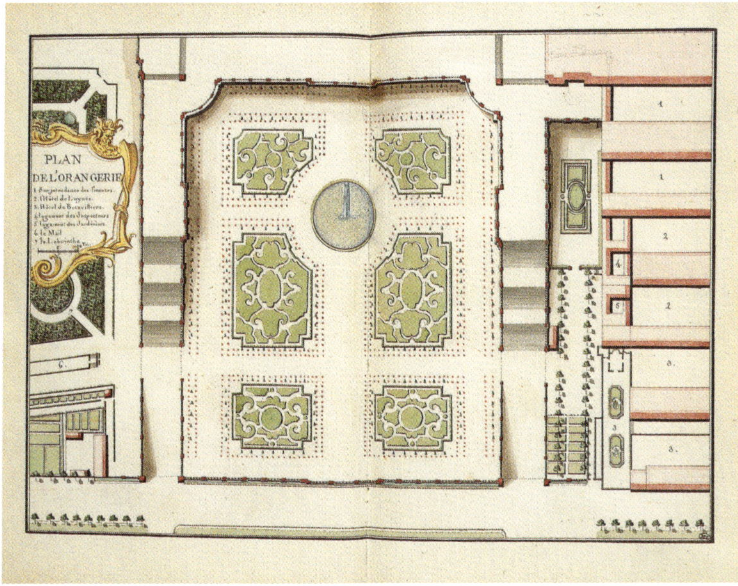

Plan aquarellé de l'Orangerie. Anonyme (1747).

Le parterre de l'Orangerie.

émerger peu à peu du parterre, et on ressent une très étrange sensation de découverte, une véritable émotion.

Sous le règne de Louis XIV, les plantes en caisse étaient beaucoup plus nombreuses qu'aujourd'hui. On dénombrait trois mille orangers et grenadiers qui, au printemps et en été, étaient répartis dans les jardins de Versailles. Actuellement, les orangers sont cantonnés dans l'espace situé entre les deux escaliers ; à l'époque, on les installait un peu partout, y compris à Trianon.

Des orangers comme à Séville

La pépinière du Roule, fournisseur de grosses quantités de végétaux tout au long du règne de Louis XIV, recevait et soignait les orangers prélevés sur le pourtour méditerranéen, souvent à la mauvaise période. Il était nécessaire après un long voyage de prendre soin des végétaux malmenés sur les routes et de leur rendre vigueur et beauté avant qu'ils soient livrés à Versailles.

On connaissait parfaitement les soins à apporter aux agrumes. Les orangers étaient installés dans des caisses en bois de chêne, garnies d'une excellente terre prélevée à Meudon. Cette « terre de Hollande » était mélangée à du fumier et à des résidus ponctionnés dans les égouts.

Les caisses étaient constituées d'un fond inamovible et de quatre côtés amovibles. Tous les deux ans, on nettoyait les racines des orangers et autres plantes en caisse avec des sortes de peignes, et on sectionnait leurs extrémités pour ne pas avoir à changer les caisses en fonction du développement de la plante. Après avoir vérifié que les panneaux de chêne étaient en bon état (sinon ils étaient remplacés), on complétait la caisse avec de la terre fraîche. L'opération se pratiquait sur deux faces seulement pour éviter à la plante le moindre traumatisme.

Actuellement, on procède exactement de la même manière, les mêmes techniques sont employées, simplement on utilise du terreau de feuilles et non plus la terre de Meudon.

Ces énormes caisses faites de bois et de fer, qu'on appellerait aujourd'hui conteneurs, étaient extrêmement lourdes. Les jardiniers les hissaient sur des fardiers – charrettes tirées par des chevaux – et les installaient à l'extérieur dès le 15 mai pour les rentrer le 15 octobre. Il en va toujours ainsi pour les dates.

On peut imaginer la pénibilité du travail, sa dangerosité et le nombre d'accidents qu'il occasionnait. Le roi, en échange de ses exigences, avait établi un système d'indemnisations forfaitaires pour les accidentés. Ce système était valable pour l'ensemble de ses jardins. Un jardinier qui tombait de son échelle touchait de 20 à 40 livres selon qu'il s'était brisé un bras ou une jambe, comme si le handicap d'un bras ou d'une jambe cassé(e) avait une incidence économique différente. Si le malheur voulait qu'il se crevât un œil, il pouvait espérer 60 livres, et s'il se fracassait la tête (euphémisme pour signifier qu'il passait de vie à trépas), sa veuve percevait une pension de 300 livres. Les avantages de la Sécurité sociale n'étaient pas encore envisagés.

L'Orangerie royale a ses stars, la longévité de leur carrière est surprenante, elle s'étend quelquefois sur plusieurs siècles. Ce fut notamment le cas du « Connétable », un oranger né à Pampelune en 1421, transporté à Fontainebleau en 1623 et installé définitivement à Versailles en 1687, l'année suivant l'inauguration de l'Orangerie. Il vécut plus de cinq cents ans, jusqu'en 1895, de loin le plus vieil arbre du parc, donnant jusque dans ses dernières années un nombre très satisfaisant d'oranges.

Une caisse d'oranger ouverte.

Les orangers de Versailles produisent des fruits impropres à la consommation. La pulpe est inexistante et l'écorce sans intérêt. En revanche, les citrons sont juteux et parfaitement comestibles.

Chaque année, les jardiniers procèdent à une cueillette verte pour ne pas épuiser l'arbre et ne conserver que les plus beaux spécimens. Préalablement, toujours pour éviter une surproduction, on prélève des fleurs avec lesquelles les agents du service élaborent « discrètement » de la liqueur. Il en fut toujours ainsi, et rien n'a changé.

Un courrier de l'architecte en chef, en date du 23 juin 1875, précise, selon l'usage, que 106 kilos de fleurs d'oranger seront concédés à titre gracieux à l'hospice civil de Versailles, à la maison de Charité de la rue des Bourdonnais à Paris et à l'hospice de Saint-Germain-en-Laye. Que pouvaient bien en faire ces établissements ? Tresser des couronnes, parfumer la pâtisserie, confectionner de l'eau de fleurs d'oranger… Comme des petits commerces lucratifs s'étaient établis avec les produits généreusement offerts, on décida d'accorder des concessions. On sait que, jusqu'en 1900, un concessionnaire eut l'autorisation de récolter les fleurs des orangers de Versailles pour en faire de la liqueur.

On pourrait penser que l'Orangerie royale fut exclusivement destinée à la culture et à l'entretien des agrumes. Pas du tout. Elle sera détournée de sa fonction originelle à deux reprises, la première sous Louis XVI, la seconde pendant la Commune.

Marie-Antoinette est passionnée de théâtre, elle aime jouer la comédie. En attendant « son » théâtre dont la construction a commencé en juin 1778 – il sera achevé au cours de l'été 1779 et inauguré seulement le 1er juin 1780 –, elle décide de donner quelques représentations à l'Orangerie. La première représentation a lieu le 11 juillet 1778. On installe une scène, un vestibule, on dispose plus de 200 bougies, 120 lanternes et 16 lustres pour éclairer l'endroit. En 1780, on y interprète encore une comédie intitulée *Les Deux Comtesses*, qui sera rejouée le 3 août. On n'en a pas fini avec le théâtre de l'Orangerie : le 24 août 1780 on y joue *Le Curieux* et le 31 août *Midas*.

Vue du parterre de l'Orangerie.

La reine libère alors les lieux qui reviennent à leur destination première, les agrumes, elle a maintenant son théâtre au Trianon, ravissant.

L'Orangerie n'eut pas qu'un destin botanique et artistique. Transformée en prison, en 1871, pendant la Commune, elle connut des heures tragiques. Les Communards y furent enfermés. On établit une sorte de hiérarchie parmi les détenus : les « compromis », les

Le bassin de l'Orangerie.

« intéressants » auxquels on réserva la partie centrale de l'Orangerie, et les « dangereux » qui furent entassés dans la poussière et la boue du cul du four, appelé également fosse aux lions, situé tout au fond de la galerie. L'endroit était sordide, aucun respect pour ces êtres humains. Pas de nourriture, un peu d'eau distribuée à l'aide d'arrosoirs, un baquet pour les déjections. Les Versaillais venaient assister, comme au spectacle, à la promenade des prisonniers – du haut de la terrasse, on bénéficiait d'une meilleure vue ! Les murs portent encore par endroits les inscriptions tracées par les détenus. Quelquefois de fort beaux poèmes, d'autant plus émouvants que leurs auteurs périrent tragiquement. L'hiver venu, il fallut rentrer les orangers. Les pauvres bougres furent extraits de leur geôle, emmenés sur le plateau de Satory et exécutés.

En 2007, l'Orangerie abrite seulement douze cents caisses de végétaux de toutes espèces agrumicoles – orangers, bigaradiers, pamplemoussiers, grenadiers, kumquats, citronniers, clémentiniers – ainsi que des lauriers-roses et des palmiers. Une quarantaine de variétés.

Durant la belle saison, selon le rite royal, ils sont placés à l'extérieur, sur le parterre de l'Orangerie et sur le parterre de Latone. On utilise des transpalettes, et le travail est assurément beaucoup moins pénible qu'au XVIIe siècle.

Les palmiers, inconnus sous Louis XIV et introduits à Versailles à la fin du XIXe siècle, sont disposés à l'extérieur du parterre de l'Orangerie, le long de l'allée qui mène du parterre d'Eau à l'Orangerie. On peut se demander qui a eu l'idée d'installer dans ce lieu prestigieux des végétaux qui n'ont rien à y faire. ■

Un vieux grenadier.

Chapitre 3

Les eaux et fontaines

Les eaux et fontaines

L'eau est une constante dans les demeures royales, inspirée de l'Italie où le domaine des inventions hydrauliques était plus avancé qu'en France. À la fin du XVIe siècle, on trouvait déjà bassins, grottes, jets d'eau et même des automates animés par le courant de l'eau. Des ouvrages de l'époque évoquent les « parures aquatiques pour l'enchantement des rois ».

C'est Henri IV, sur les conseils d'Albert de Gondi, duc de Retz, qui fait venir en France, en 1598, le premier des Francini, Tommaso dit Piero (1571-1651), intendant des Fontaines du grand-duc de Toscane. Son frère Alessandro vient rapidement le rejoindre pour le seconder. Ils travaillent avec Claude Mollet au château neuf de Saint-Germain-en-Laye. Naturalisé français en 1600 sous le nom de Thomas Francine, il est nommé intendant ingénieur au conducteur des Fontaines et des Grottes du roi (joli titre !). Ses appointements sont importants : 1 800 livres par an. Il travaille à Fontainebleau et, en 1612, collabore à la construction de l'aqueduc d'Arcueil

Détail de la fontaine du char d'Apollon.

qui devait amener l'eau de Rungis au Luxembourg pour alimenter le jardin de Marie de Médicis. Cet ouvrage d'art monumental comporte de nombreux défauts techniques, mais il a permis de résoudre une partie des problèmes de l'adduction d'eau à Paris.

Le génie hydraulique

En 1623, Louis XIII attribue à Thomas Francine la charge d'intendant des Eaux et Fontaines de France. Son talent est reconnu et fort bien rémunéré – 3 000 livres par an –, d'autant que cette charge devient, en 1636, un office, donc irrévocable et transmissible. Il a pour seul supérieur hiérarchique le surintendant des Bâtiments – et bien sûr le roi – et il a la maîtrise d'ouvrage pour tous les travaux d'alimentation hydraulique en France. Il semblerait que beaucoup d'architectes se soient attribué une partie de ses mérites.

Thomas Francine meurt en 1651, son fils François reprend la charge. Mais l'eau n'est pas réellement son affaire : il a d'abord fait une carrière militaire, qu'il poursuivra : préfet de police, lieutenant criminel, maréchal de bataille, prévôt de la Ville de Paris et prévôt de l'Île-de-France en 1681. Il demande à son frère cadet, Pierre, de le seconder.

Tous deux vont participer aux côtés de Le Nôtre à la création des Jardins. Ils sont chargés, à partir de 1661 de résoudre le problème d'adduction d'eau sur le nouveau chantier de Versailles et collaborent avec Denis Jolly, ingénieur et commandant en chef des Fontaines du roi à Versailles jusqu'en 1668. L'homme sera rétrogradé au titre d'ingénieur ordinaire du roi pour avoir monté un trafic de fausses factures portant sur des fournitures de plomb et de soudure, et détourné la coquette somme de 50 000 livres.

Néanmoins, le nom de Denis Jolly, à qui l'on doit la création de la pompe de la Samaritaine, sur la Seine qui devait alimenter le Louvre et la construction de la pompe de la Ménagerie ainsi que celle de la tour d'Eau, entraînée par deux manèges à chevaux, restera lié à celui de François et Pierre de Francine – ils ont été anoblis par le roi – et on ne saura jamais lequel d'entre eux a eu le talent le plus novateur. Leur génie fut d'assouvir les exigences extravagantes de Louis XIV qui voulait une « Cité des eaux » dans un lieu où l'eau n'existait pas.

La dynastie des Francine perdure dans le domaine hydraulique jusqu'en 1684, grâce à Pierre-François, fils de François, né en 1654, et dans celui de la musique, grâce à son cousin Jean-Nicolas, né en 1662, fils de Pierre et gendre de Jean-Baptiste Lully, qui dirige l'Académie Royale.

L'ensemble du domaine, nous l'avons vu, était particulièrement humide : même drainé, les eaux récupérées étaient insuffisantes pour permettre l'alimentation du moindre bassin, et du moindre jet d'eau.

Les Francine entreprennent d'installer sous les Jardins du roi et, en grande partie, sous le Grand Parc un ensemble exceptionnel de galeries. On peut pratiquement y circuler debout pour vérifier l'étanchéité des canalisations, détecter les fuites. Cette invention particulièrement novatrice des Francine, encouragés par Louis XIV, est probablement unique au monde.

Il a également fallu enfouir un système terriblement complexe de pierrées pour assurer de façon efficace le drainage du domaine. Imaginons des minisouterrains en pierre ou en glaise qui collectent sur près de 800 hectares des quantités considérables d'eau de pluie, les dirigeant vers la partie basse du domaine, jusqu'au Grand Canal. N'oublions pas que les eaux disponibles dans les étangs et rivières des environs sont à un niveau inférieur à celui du domaine. Il faut donc concevoir des machineries qui permettent de remonter les eaux jusqu'à l'endroit souhaité.

Aujourd'hui lorsqu'on se promène dans les jardins ou qu'on assiste au somptueux spectacle des Grandes Eaux, est-on bien conscient des efforts humains et économiques énormes déployés à l'époque, pour parvenir à de tels résultats ? Il s'agissait d'un défi permanent pour les fontainiers pressés de satisfaire les exigences du monarque dès lors que celui-ci décidait avec Le Nôtre de créer un nouveau bassin, un nouveau bosquet.

À l'origine, les réservoirs étaient alimentés par la pompe à manèges de l'étang de Clagny, mise en service par Denis Jolly. Très rapidement, ces réservoirs se révèlent insuffisants. Le réservoir en plomb de la tour d'Eau avait une capacité inférieure à 100 mètres cubes, il ne permettait donc pas le fonctionnement simultané et continu de toutes les fontaines. Il faut attendre la construction d'un réservoir de 580 mètres cubes sur le toit de la grotte de Thétis pour qu'enfin on puisse inaugurer ce qui fut appelé à l'époque

Une fontaine dans le jardin de Latone.

les Grandes Eaux, le 17 avril 1666. Ces jeux d'eau étaient très modestes, même si, entre-temps, on avait installé des moulins à vent qui puisaient l'eau dans l'étang de Clagny au moyen d'une chaîne à godets et la faisaient monter par trois paliers successifs jusqu'au réservoir.

Colbert, fidèle ministre de Louis XIV et surintendant des Bâtiments, est probablement l'homme qui a osé prévenir le roi des problèmes d'eau à Versailles : pour assouvir son désir de fontaines et permettre la création de nouveaux bassins, il fallait entreprendre des travaux considérables. En 1667, on installe trois réservoirs, au nord du château, le long de l'actuelle rue des Réservoirs. Ces réservoirs de glaise peuvent contenir 5 000 mètres cubes d'eau, on dispose donc de quoi alimenter sans problème les bassins inférieurs.

Malgré les mises en garde de Colbert et malgré les guerres coûteuses, notamment la guerre d'Espagne, le roi veut toujours plus d'eau. En 1668 commence le percement de la première branche du Grand Canal, car la consommation d'eau s'intensifie et il faut pouvoir la stocker. On s'inquiète, on construit des moulins, on évoque déjà le recyclage de l'eau, surtout de celle qui a servi. En 1672, on dénombre dans le parc plus de 1 000 effets d'eau. Dix ans plus tard, en 1683, on peut compter plus de 2 400 jets d'eau. Actuellement, il en reste 600, c'est déjà beaucoup. La consommation en eau de toutes les fontaines réunies exigeait 6 300 mètres cubes à l'heure, et le spectacle des Grandes Eaux durait trois heures.

On peut imaginer que le roi n'avait pas vraiment conscience des problèmes énormes qu'entraînait sa mégalomanie hydraulique car, lorsqu'il se promenait dans ses jardins, des valets le précédaient pour prévenir les fontainiers de l'imminence de son arrivée afin que les jets d'eau soient activés au fur et à mesure de la progression du cortège. Le roi et son entourage passés, les fontainiers fermaient les vannes – l'économie d'eau était déjà d'actualité.

Il faut de plus en plus d'eau, aussi on entreprend de plus en plus de travaux. On crée l'étang de Val qui oblige à barrer le cours de la Bièvre. On installe des moulins : des moulins hydrauliques, puis des moulins à vent pour amener l'eau jusqu'aux réservoirs. Reconnaissons que ces travaux ont été d'une certaine utilité puisqu'ils ont permis la création, entre autres, des premières canalisations en fonte, fabriquées par les Forges de Normandie. Auparavant on utilisait des tuyaux en troncs de bois forés ou en terre cuite, joints avec du mortier. Les problèmes liés à l'étanchéité étaient nombreux et la déperdition importante. Les tuyaux en plomb étaient réservés exclusivement au parc car – peu de choses on changé – le plomb étant précieux, on craignait le pillage. Leur fabrication était un travail délicat : il fallait enrouler une feuille de plomb autour d'un mandrin pour lui donner une forme cylindrique et ensuite abraser à l'étain pour souder les pièces entre elles. Il était donc difficile d'en produire en grande quantité. Les canalisations en fonte subsistent encore, c'est dire la qualité du travail.

Depuis le XVIIe siècle, rien n'a changé dans les sous-sols, ou presque

Le roi, intraitable dans ses exigences, n'admet pas qu'une canalisation se rompe ou qu'une pompe cesse de fonctionner : on en installe donc régulièrement de nouvelles. Nouvelles pompes, nouveaux moulins, nouveaux réservoirs... On impose même des amendes aux compagnons plombiers qui auraient oublié de mettre en marche les moulins lorsqu'il y a du vent.

Néanmoins, les installations sont incontestablement sous-dimensionnées. En 1678, elles s'arrêtent les unes après les autres jusqu'en 1689. La première grande période hydraulique se termine.

Colbert est prêt à tout. Il ne peut que céder aux exigences du roi. Il écoute avec intérêt la proposition de Pierre-Paul de Riquet, l'homme qui avait créé le canal du Midi. Riquet, sur les conseils de Charles Perrault, propose de détourner une partie des eaux de la Loire pour les amener jusqu'à Versailles. Colbert est sur le point de signer un investissement considérable quand Charles Perrault, fort opportunément, lui présente l'abbé Picard inventeur de la mesure de l'arc de méridien qui lui valut de siéger à l'Académie des sciences fondée en 1666. Notre homme met en garde le ministre, lui faisant remarquer que la différence de niveau ne permettra jamais la jonction. Les vérifications sur le terrain se prolongent quatre ans. En 1678, il faut se rendre à l'évidence, le projet n'est pas viable.

Le temps passe et le manque d'eau se fait sentir durement. L'abbé Picard propose alors de constituer dans les environs de Versailles des étangs artificiels dont les eaux pourraient parvenir, au moyen d'aqueducs, jusqu'aux réservoirs du château. Un premier groupe d'étangs est aménagé à Trappes, à Bois-d'Arcy et à Bois-Robert. Les résultats sont spectaculaires et permettent l'arrêt progressif de certaines pompes, notamment celles de Clagny. Après les étangs « du haut », on met en œuvre un réseau d'étangs « du bas » avec la création des étangs de Saclay, de Villiers, du Trou-Salé et de l'Étang-Neuf. Pratiquement tous maintenant sont comblés ou ont disparu.

Imaginons le nombre de mètres cubes nécessaires pour alimenter en eau le délire des sculptures du bassin d'Apollon. Ce bassin emblématique des Jardins de Versailles est situé dans l'axe exact de la perspective royale depuis la galerie des Glaces (on aperçoit d'abord le parterre d'Eau, puis le bassin de Latone, ensuite l'allée Royale et le bassin d'Apollon) – c'est à cet endroit précis que Louis XIII avait fait installer son Rondeau.

Louis XIV commande à Jean-Baptiste Tubi une œuvre destinée au bassin d'Apollon. Cette sculpture en plomb commencée en 1668, mise en place en 1670, représente Apollon sur un char tiré par quatre chevaux fous, entouré de quatre tritons et de quatre monstres marins. L'eau jaillit de la bouche des monstres et des tritons. Trois gerbes magistrales s'élancent vers le ciel et semblent composer une fleur de lis. La gerbe centrale peut atteindre 19 mètres de hauteur. Mais rappelons que le géant du bassin de l'Encelade crache ses gerbes d'eau jusqu'à 23 mètres et que le jet d'eau du bassin du Dragon atteint 27 mètres. Derrière le bassin du Dragon, l'extravagant bassin de Neptune. Est-ce qu'il y a lieu de comparer les bassins ? Le bassin d'Apollon est certes le plus beau, le mieux placé, mais il est incontestablement moins spectaculaire que le bassin de Neptune avec ses jets d'eau, ses nombreux bassins et vasques.

Le Bassin d'Apollon en eau et le Grand Canal.

La véritable raison d'être du Grand Canal était la récupération des eaux de pluie d'abord, des eaux de ruissellement, mais aussi des Grandes Eaux, soit 12 000 mètres cubes sous la royauté. Les eaux collectées essentiellement dans les étangs de la région, en partie plus hauts que le domaine, ou amenées par des aqueducs de bassins en situation supérieure, se déversaient par gravitation dans les réservoirs d'où elles étaient pompées vers les bassins et fontaines, avant de terminer leur course dans le Grand Canal, le trop-plein se déversant dans le fameux ru de Gally. Avec la déperdition qu'on imagine.

Le creusement a commencé en 1667 et les travaux furent achevés onze ans plus tard. Cet ouvrage de 1,80 mètre de profondeur occupe 22 hectares. Il s'étend sur 1 558 mètres dans la partie la plus longue et 1 013 mètres de Trianon à la Ménagerie. Le fond est recouvert de glaises prélevées sur le domaine. Ce plan d'eau permet de récupérer les drains posés dans le Grand Parc ; la terre prélevée lors de son creusement permet d'élever le niveau du terrain de chaque côté du Grand Canal et de repousser plus loin les marécages, contribuant ainsi à l'assèchement du site.

Le Grand Canal devient prétexte à fêtes, divertissements, promenades, concerts joués par des musiciens installés sur des radeaux, feux d'artifices et illuminations.

Un des grands plaisirs de Louis XIV était de monter dans une gondole ou toute autre embarcation à la hauteur du bassin d'Apollon pour gagner soit Trianon, soit la Ménagerie. Il préférait ce moyen de locomotion à la calèche. Durant les hivers exceptionnellement rigoureux de son règne, il se déplaçait sur le Grand Canal en traîneau. Les concours de traîneaux organisés à l'époque avec un vif succès se poursuivirent jusque sous le règne de Louis XVI. En témoignent les magnifiques traîneaux exposés au musée des Carrosses, dans l'enceinte des Grandes Écuries.

Avant la fin des travaux, en 1669, Louis XIV avait fait venir sur le Grand Canal sa flotte en réduction ; il pouvait ainsi reconstituer ou planifier des batailles navales. On voyait notamment une galiote armée de 36 canons, une galère royale aux cordages de soie cramoisie, mue par 42 galériens. Il y avait également des gondoles, offertes par les doges de la république de Venise en 1674, avec leurs gondoliers qui furent logés dans des bâtiments proches du débarcadère, construits pour eux dans un lieu dit Petite Venise. La petite colonie – quatorze gondoliers en 1687 – avait droit à des égards particuliers.

Les eaux qui alimentaient le Grand Canal étaient polluées, celles de la Bièvre et de l'Yvette notamment, dont le cours servait de déversoir aux égouts. Il faut attendre 1738, soit dix-huit ans après la mort de Louis XIV, pour que des travaux soient entrepris afin de détourner les eaux usées et polluées. Ces travaux ont coûté environ 600 000 livres, somme considérable.

Depuis sa construction, le Grand Canal n'a été vidé que deux fois. La première à la Révolution : les pierrées et les systèmes de drainage ne sont plus entretenus, les eaux usées se déversent dans le Grand Canal qui devient un cloaque puant, irrespirable. Après une inévitable période de séchage, il est en 1792 transformé en potager et en pâtures, ce qui évite que le domaine soit réquisitionné. Pour cette même raison, le jardinier Richard fait planter dans la partie forestière du Grand Parc des arbres fruitiers, au prétexte que la récolte des fruits et des légumes et l'élevage d'animaux domestiques permettent de nour-

Vue du Grand Canal.

rir les populations des environs. Toutes ces plantations furent bien évidemment arrachées plus tard et utilisées en bois de chauffage. Il faut attendre l'arrivée de Napoléon pour que les berges soient restaurées et que l'eau puisse enfin recommencer à couler, dès le 7 avril 1808. C'est également à l'occasion de la remise en eau du Grand Canal que l'Empereur décide de replanter à l'Étoile royale des peupliers d'Italie – cette variété lui rappelle ses victoires piémontaises d'avril 1796.

Le Grand Canal est à la mode pendant une trentaine d'années. Sous Napoléon III, sous Adolphe Thiers, sous Mac Mahon, on canote, on organise des joutes, c'est un incontournable pour les Versaillais. On a même créé une buvette, La Flotille, en 1896.

Le deuxième assèchement eut lieu pendant la Seconde Guerre mondiale, pour des raisons de sécurité. Le plan d'eau constituait un miroir facilement repérable par l'aviation ennemie qui aurait pu envisager de bombarder le château, et, par ailleurs, des hydravions auraient pu s'y poser et amener des troupes prêtes à envahir Versailles et puis Paris.

Le rôle du Grand Canal est prépondérant aujourd'hui dans l'alimentation des Grandes Eaux, lors des fêtes de mai à octobre quand le spectacle est donné, d'autant que le captage des cours d'eau voisins est rendu difficile parce qu'ils ont été taris. L'urbanisation galopante dans la région et l'utilisation abusive des ressources ont privé le château d'un approvisionnement naturel.

Le roi voulait toujours plus d'eau ; il aurait souhaité que les jardins de Versailles ressemblent à ceux de Rome ou de Tivoli. Son imagination était délirante. Il a d'abord eu l'idée de relier le Grand Canal et la Seine. Qu'on se réfère aux finances publiques ou non, le dénivelé était beaucoup trop important, le projet irréalisable. Il s'est alors mis en tête de le faire communiquer avec la Loire et, par voie de conséquence, avec la Méditerranée : cette déviation aurait donc emprunté le canal du Midi. Le roi a chargé Charles Perrault, auteur des *Contes* et par ailleurs contrôleur des Bâtiments du roi, de réfléchir à une solution dans ce sens. Perrault venait souvent à Versailles surveiller les travaux, mais son influence sur le monarque était très limitée. Qui en avait, du reste ? Par quel miracle Perrault parvint-il à convaincre Louis XIV de renoncer à ce projet, nous n'en savons rien, mais qu'il en soit remercié car on n'ose imaginer le coût d'une pareille entreprise.

Obsession royale pour l'eau

La quête de l'eau est obsessionnelle pour Louis XIV.

En 1675, il souhaite que soit construite une machine capable d'alimenter les bassins de Versailles avec l'eau de la Seine. On contacte les plus éminents hommes de sciences de l'époque pour relever ce défi. Arnold de Ville n'est pas un spécialiste hydraulique, mais il souhaite s'attaquer au problème. Il rencontre un charpentier de condition modeste, Rennequin Sualem. Ils unissent leurs talents et, en 1678, présentent au roi une maquette.

Avant de commencer la mise en chantier de la machine, des expérimentations sont tentées au château de Saint-Germain. Un moulin parvient à alimenter en eau de Seine les jardins de Saint-Germain. Louis XIV est ébloui, conquis.

Les travaux de la machine de Marly s'engagent en 1681. La Seine est traversée par une digue ouverte en deux endroits. Cette digue retient l'eau qui peut ainsi se déverser avec plus de force et faire tourner 14 roues à aubes. Ces gigantesques roues actionnent 221 pompes installées sur trois niveaux. L'eau est aspirée par une première rangée de 64 pompes puis conduite à un réservoir situé à une quarantaine de mètres plus haut. Les roues à aubes, par un système de bielles très sophistiqué, activent une deuxième série de pompes, et l'eau est alors propulsée à 50 mètres plus haut. Ainsi de suite jusqu'à une hauteur de 162 mètres. Arnold de Ville et Rennequin Sualem gagnent leur pari : faire monter les eaux de la Seine à Versailles pour alimenter les fontaines du domaine royal. Un

Vue du Grand Canal et du château.

aqueduc est érigé à Louveciennes, et deux réservoirs de 750 000 mètres cubes sont creusés pour retenir les eaux.

Malgré l'ingéniosité du système, la machine de Marly se révèle insuffisante. Elle fournit chaque jour 3 000 mètres cubes, volume en dessous des capacités escomptées. Au surplus, la machine est fragile, ses éléments cassent régulièrement, les accidents sont nombreux et ralentissent les travaux. En hiver, la glace bloque et endommage le mécanisme. Il est décidé de simplifier cette machine complexe et coûteuse. Mais les essais conduisent systématiquement à l'échec.

Dans la première moitié du XVIIIe siècle, le peuple gronde, les Français ont faim et soif. Les eaux de la Seine n'alimentent plus seulement les fontaines, elles abreuvent la population versaillaise. La machine de Marly, indispen-

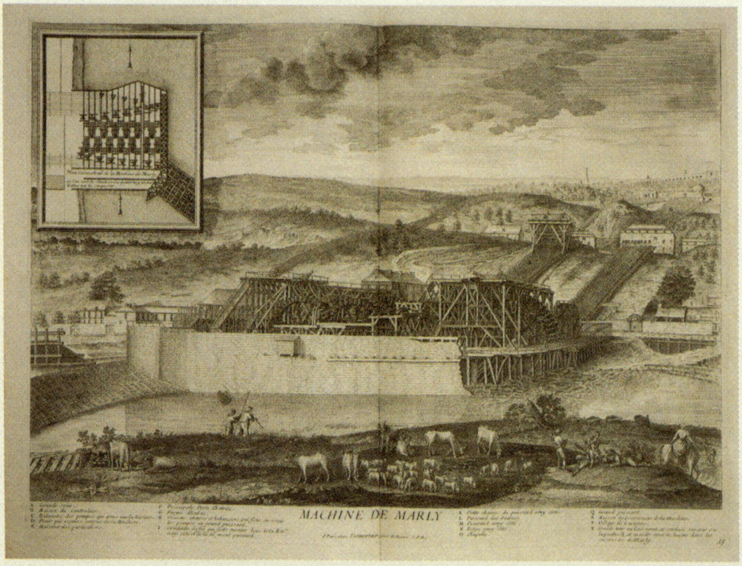

La Machine de Marly. Gravure de Pierre-Denis Martin (XVIIIe siècle).

sable, doit voir ses performances améliorées. En 1802, Bonaparte ordonne qu'elle soit perfectionnée et lance un concours dans l'espoir de trouver un artisan capable de réaliser ce miracle. Finalement, le 25 août 1817, dans l'impasse, on se résout à détruire la machine de Marly. Sa destruction fit des heureux, notamment parmi les habitants des environs qui enfin purent enfin dormir – la machine produisait jour et nuit un vacarme épouvantable.

À peine les travaux de la machine de Marly engagés, le roi réunit en 1684 des sommités scientifiques de l'époque : Vauban, le géographe La Hire, l'hydraulicien Gobert.

Il s'agit de mettre en œuvre un nouveau projet pharaonique : la déviation sur Versailles d'une partie du cours de l'Eure, distante de 83 kilomètres, qui pourrait être navigable. Le chantier est titanesque, il faut niveler des hectares de terres, construire des souterrains, un aqueduc de 5 kilomètres de long, haut de 72 mètres. On a du mal à imaginer la main-d'œuvre qui fut nécessaire pour mettre en route pareille entreprise alors qu'il n'existait aucune machine capable de creuser et de transporter cet amas de terre. Tout se faisait à la main – on utilisera 16 000 brouettes, dont 2 000 venues de Flandre, et 12 000 pioches. En dehors des ouvriers de métier, 36 bataillons d'infanterie et 6 escadrons de dragons furent employés à la tâche : 22 000 militaires sur les 30 000 hommes que comptera le chantier. Le maréchal Vauban en personne dirigeait les travaux, sous le contrôle de Louvois qui avait repris la charge de surintendant des Bâtiments du roi à la mort de

16 000 brouettes,
12 000 pioches,
30 000 hommes

Colbert en 1683, et qui se rendait sur place deux fois par mois. C'est dire l'importance que le roi attribuait à l'avancement du chantier !

Les maladies déciment la troupe, les accidents sont si nombreux qu'il faut construire des hôpitaux à proximité. La fièvre et le scorbut provoquent des décès par milliers. En 1690, le chantier est abandonné. Les sommes englouties auraient pu paraître supportables en temps de paix et de prospérité, malheureusement le royaume est en proie à la guerre et à la crise financière. L'aventure, dit-on, aurait coûté 9 millions de livres. Il ne reste que quelques morceaux inachevés de l'aqueduc de Maintenon.

On a tenté, par la suite, de reprendre les travaux, mais trop souvent les caisses étaient vides. Louis XVI a fait étudier le projet. Pendant la Révolution, on a imaginé de poursuivre la construction de l'aqueduc car les fontaines de Versailles manquent désespérément d'eau mais, surtout, la réalisation de ce projet aurait apporté 50 000 mètres cubes d'eau par jour à la région de Versailles qui en avait à l'époque bien besoin.

En face de la première Orangerie se trouvait un étang appelé depuis toujours « Étang puant » : il dégageait des odeurs fétides qui incommodaient la Cour.

On profita de la destruction de la première Orangerie pour assainir le secteur avant d'entreprendre la construction de la seconde. Aussi fut-il ordonné de creuser dès 1679 la pièce d'eau des Suisses, ainsi nommée parce que les travaux de terrassement furent confiés à un régiment de la Garde suisse. Les gardes suisses, depuis Louis XI, étaient en charge de la protection des rois de France. Ces malheureux eurent à creuser une pièce d'eau de 682 mètres de long et de 234 mètres de large, soit une superficie de 16 hectares, deux fois plus que la place de la Concorde. Le creusement fut l'occasion d'un conflit entre le roi et son jardinier, Jean-Baptiste de La Quintinie, car la terre prélevée fut transportée au Potager. Or la terre était de très mauvaise qualité et, par surcroît, rehaussait le niveau du jardin qui devint l'objet de vols par des maraudeurs qui s'attribuaient les légumes destinés au roi. Il fallut donc surélever les murs du jardin et procéder à de gigantesques amendements pour adapter le sol à la culture des végétaux destinés à la table du roi.

La pièce d'eau des Suisses mérite une certaine attention. On peut constater qu'elle est bordée sur trois côtés par quatre alignements de platanes spectaculaires. Si l'on s'approche, on peut croire que ces plantations sont plusieurs fois centenaires, alors qu'en réalité les arbres ont été installés vers 1900. Leur apparence tient essentiellement au fait qu'ils prospèrent en port libre alors que l'habitude est de tailler les platanes très court. Au début de leur croissance, dans la première moitié du XXe siècle, les services du château n'avaient pas les moyens suffisants pour procéder à la taille régulière de ces arbres. Lorsque les budgets ont permis d'envisager des coupes, cinquante ans après la plantation, il était trop tard, des risques de dépérissement étaient à craindre. Il a donc été décidé de laisser les platanes se développer à leur guise. Aujourd'hui, ils s'inclinent légèrement pour aller chercher la lumière, et les promeneurs ont tout loisir d'apprécier cette somptueuse cathédrale végétale.

La pièce d'eau des Suisses fait évidemment partie intégrante du domaine royal et pourtant de nombreux malentendus jouent en sa défaveur. Elle a depuis sa création mauvaise réputation. Ainsi en 1669, Louis XIV veut que Le Bernin, sculpteur réputé, maître du baroque monumental et décoratif, taille dans le marbre de Carrare une statue équestre le représentant. Contrairement à tous les autres artistes de l'époque prêts à répondre au doigt et à l'œil aux exigences royales, Le Bernin prend son temps et l'œuvre n'est achevée qu'en 1673. Elle quitte l'Italie le 15 juillet 1684 et sera présentée au roi à l'Orangerie, le 14 novembre 1685. Louis XIV, très impatient, est agacé, déçu, il trouve la sculpture laide et sans grâce, ordonne qu'elle quitte l'Orangerie sur-le-champ et envisage même de la faire détruire. Finalement la sculpture est déplacée, on cherche à l'éloigner de la vue du monarque, et elle atterrit, après bien des tergiversations, à l'extrémité de la pièce d'eau des Suisses. Certes, elle reste visible des fenêtres du château, mais il y a peu de risques que le roi la voie de près car il fréquente rarement cette partie du domaine.

En sculpture, Louis XIV se veut grand et beau

En règle générale, depuis sa création cette pièce d'eau est très peu visitée alors que la perspective qu'elle offre sur l'Orangerie royale, située en face, est tout à fait spectaculaire.

Le Petit Versailles, dans son édition du 6 juin 1886, évoque la pièce d'eau dans des termes franchement peu flatteurs : « On regarde la pièce d'eau des Suisses de très haut : on n'y descend pas. Le monde élégant n'y met jamais les pieds et n'y fait pas rouler ses équipages. Pendant les chaudes journées et les soirées fraîches de l'été, quelques voitures font, au petit trot, le tour de Canal dont les bords ont meilleure réputation que ceux de la pièce d'eau… Les Versaillais n'ont pas tort : c'est de la terrasse qu'il faut voir la pièce d'eau, à une hauteur et à une distance où la vue et l'odorat ne peuvent être blessés (la vue par les malandrins de tout âge qui s'y trouvent et l'odorat par les effluves de ses eaux). »

Les Grandes Eaux au bassin de Neptune.

Les Grandes Eaux de Versailles doivent beaucoup à Napoléon. En 1804, le 19 juillet, quand le cardinal Consalvi, émissaire du pape, est reçu à Versailles, les quelques fontaines encore en état de marche jouent pour la première fois depuis la Révolution. La foule qui se presse au spectacle des Grandes Eaux est considérable. Malgré la Révolution, le peuple n'a pas oublié. En 1811, après des travaux de restauration, Napoléon ordonne le jeu des eaux tous les premiers dimanches du mois.

Les fêtes de nuit données pour la première fois le 2 août 1862 au bassin de Neptune perdurent toujours. Les Grandes Eaux aujourd'hui sont moins gourmandes que sous Louis XIV : elle exigent « seulement » 5 à 8 000 mètres cubes d'eau.

Le système fontainier est toujours le même car les installations hydrauliques sont d'époque ou maintenues comme à l'époque. Il y a bien quelques pompes électriques pour faciliter l'alimentation des bassins de Trianon et favoriser les remontées à partir du niveau bas.

Actuellement, les Grandes Eaux du Petit Parc consomment 3 600 mètres cubes à l'heure – chiffre très inférieur aux 6 300 mètres cubes à l'heure sous Louis XIV, à l'apogée des jeux d'eau. L'eau provient essentiellement des eaux de ruissellement recueillies sur le parc au gré des précipitations, car le réseau des étangs supérieurs n'alimente plus le château depuis 1977 par suite de la construction de la ville nouvelle de Saint-Quentin-en-Yvelines et de la destruction de l'aqueduc de Trappes. On peut évidemment brancher le réseau sur celui d'eau potable mais c'est une solution terriblement onéreuse, et l'honneur du fontainier est de compter sur les ressources naturelles et non sur des apports extérieurs.

Le problème des eaux à Versailles est donc lié aux besoins créés par la construction des villes nouvelles toutes proches mais aussi et surtout par la déperdition d'eau du Grand Canal pendant les périodes de grande chaleur. On a calculé que le niveau des eaux pouvait baisser de 5 pour cent pendant un mois d'août caniculaire, remettant ainsi en cause le fonctionnement des jeux d'eau.

Peut-on imaginer que les changements climatiques viennent à bout des exigences royales ? ■

Chapitre 4

Le Grand Trianon

Le Grand Trianon

À l'origine, Trianon ne bénéficiait d'aucun adjectif, il s'agissait d'un hameau – quelques masures – situé à l'extrémité de la branche du Grand Canal opposée à la Ménagerie. Louis XIV acheta les maisons et les terres alentour qui couvraient 62 hectares et vinrent s'ajouter à son domaine.

Trianon devint Grand lorsque Louis XV fit construire le Petit Trianon ; il fallut néanmoins attendre le XIXe siècle pour que chacun des deux bâtiments trouve son identité propre : Grand Trianon et Petit Trianon.

Le Grand Trianon
côté jardins.

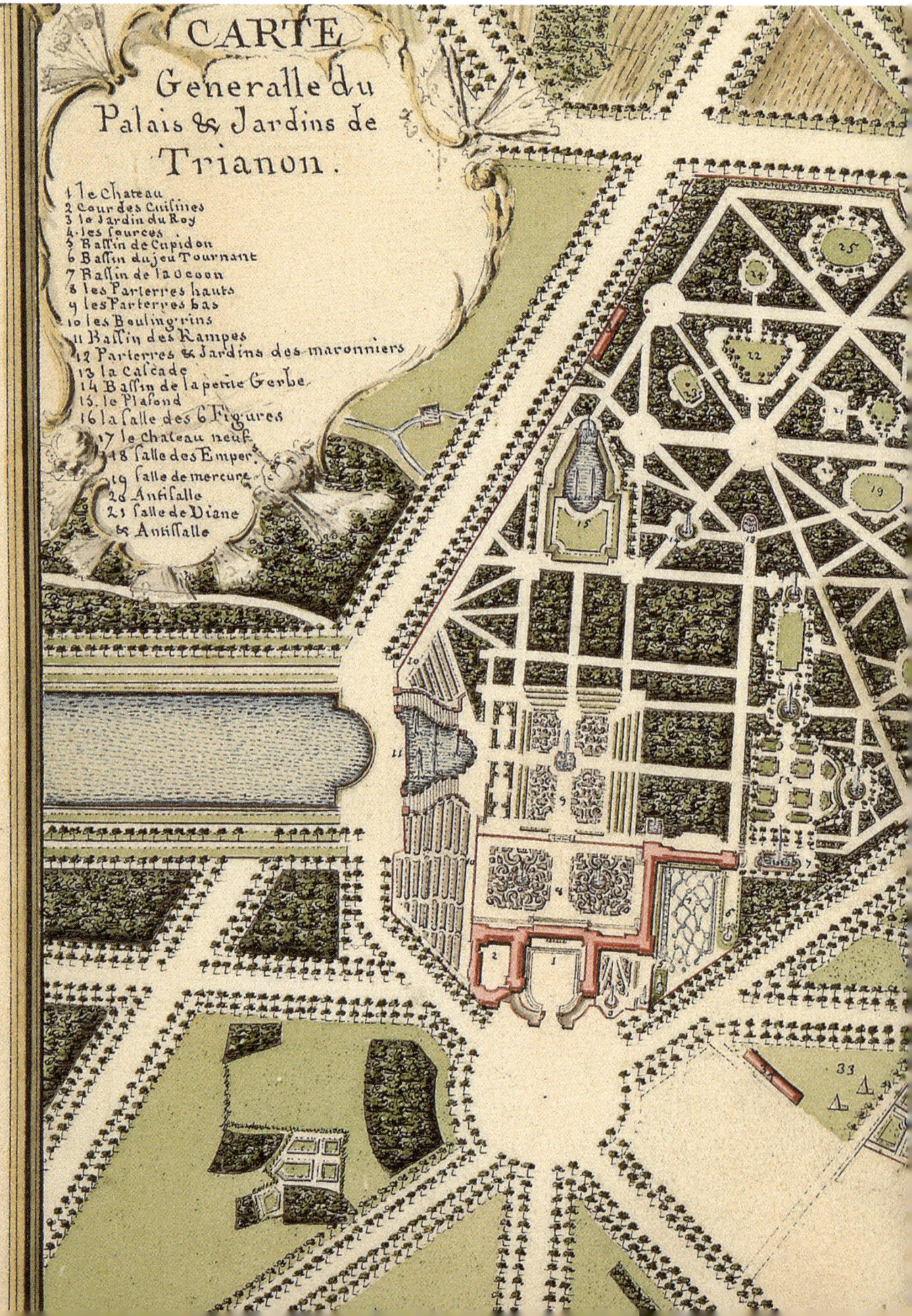
CARTE
Generalle du
Palais & Jardins de
Trianon.
1 le Chateau
2 Cour des Cuisines
3 le Jardin du Roy
4. les sources
5 Bassin de Cupidon
6 Bassin du jeu Tournant
7 Bassin de la ocoon
8 les Parterres hauts
9 les Parterres bas
10 les Boulingrins
11 Bassin des Rampes
12 Parterres & Jardins des maronniers
13 la Cascade
14 Bassin de la petite Gerbe
15. le Plafond
16 la salle des 6 Figures
17 le chateau neuf
18 salle des Emper.
19 salle de mercure
20 Antisalle
21 salle de Diane
& Antissalle

Les deux châteaux

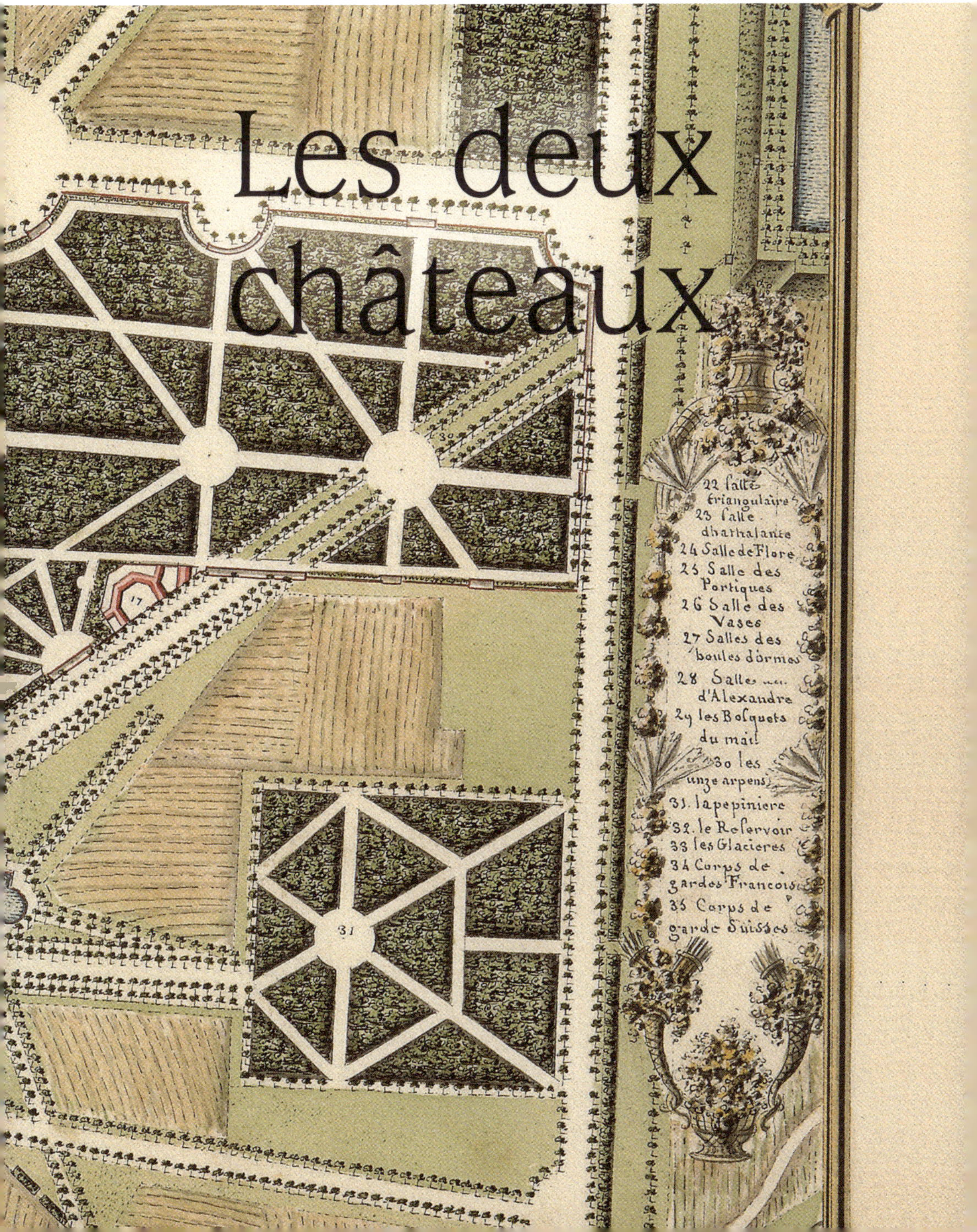

CARTE
Generalle du
Palais & Jardins de
Trianon.
e Chateau
our des Cuisines
e Jardin du Roy
es sources
Bassin de Cupidon
Bassin du jeu Tournant
les Parterres hauts
les Parterres bas
les Boulingrins
Bassin des Rampes
Parterres & Jardins des maronniers
3 la Cascade
4 Bassin de la petite Gerbe
5. le Plafond
6 la salle des 6 Figures
17 le chateau neuf
18 salle des Emper.
19 salle de mercure
20 Antisalle
21 salle de Diane
& Antissalle

Les deux châteaux

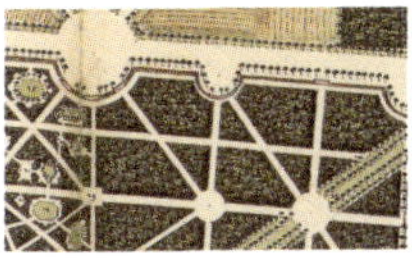

Dès que Louis XIV eut acquis le hameau de Trianon, il s'empressa de le faire raser en 1668 et commença par y faire tracer un jardin. Puis il demanda à l'architecte Le Vau de construire un pavillon à l'emplacement du cimetière – le roi, tout-puissant, passant outre au respect dû aux morts.

Les grands travaux de Versailles étaient en cours et le roi n'avait pas besoin d'un autre château. Dans son esprit, il s'agissait donc d'une demeure privée, réservée à son usage exclusif et à son bon plaisir. Ne disait-il pas avoir « construit Versailles pour la cour de France, Marly pour ses amis et Trianon pour lui-même » ?

En 1670, donc, commencèrent les travaux d'un pavillon central d'un seul niveau, entouré de quatre pavillons de moindre importance, chacun d'eux dévolu à un usage précis : présentation des entremets, des confitures, des potages, dressage des fruits et des hors-d'œuvre. L'ensemble, magnifique, fait de châssis en bois habillés de panneaux de faïence à la manière de Delft, fut dénommé Trianon de porcelaine.

Carte générale du Palais et des jardins de Trianon dressé vers 1732. Plan aquarellé de Pierre Prieur (XVIIIe siècle).

Sachant les exigences du roi, on ne s'étonnera pas de la rapidité d'exécution qu'il impose à tous. Colbert écrit à Louis XIV le 5 mai 1670 : « Je fus hier à Versailles. Les charpentiers commencèrent du matin leur comble de Trianon ; j'espère que dans quinze jours la couverture en sera achevée ; et en même temps qu'une pièce sera couverte, l'on en fera le plafond et le lambris de stuc. Le jardin s'avance fort. On fournit à Le Bouteux tout ce qui lui est nécessaire. »

Six mois pour construire un château : qui dit mieux ?

Félibien des Avaux, historiographe des Bâtiments du roi, ne cache pas son admiration pour le Trianon de porcelaine. Dans sa *Description sommaire du Château de Versailles*, ouvrage paru en 1673, il écrit : « Ce palais fut regardé d'abord de tout le monde comme un enchantement : car n'ayant été commencé qu'à la fin de l'hiver, il se trouva fait au printemps, comme s'il fût sorti de terre avec les fleurs des jardins. » Il poursuit : « L'on pourrait dire de Trianon, que les Grâces et les Amours qui forment ce qu'il y a de parfait dans les plus beaux et les plus magnifiques ouvrages de l'Art. »

Le décor était ravissant. Les carreaux de céramique de Hollande, de Rouen, de Nevers et de Lisieux brillaient à la lumière ; au bleu et blanc s'ajoutaient quelquefois des carreaux jaune pâle ou vert clair. Nous savons qu'un certain Joachim Vattier, faïencier à La Bocquetterie, entre Caen et Lisieux, fabriqua 2 600 carreaux qu'il fit livrer le 26 mars 1671 à Versailles depuis Rouen. Il perçut la modique somme de 307 livres et 17 sols – les archives sont précises. Les vases en faïence décorés d'épis dorés qui garnissaient le faîtage du bâtiment furent façonnés par le sieur Révérend pour un coût plus élevé : 3 319 livres.

La marquise de Montespan était un peu chez elle au Trianon de porcelaine. Sa bonne fortune excitait les jalousies de celles et ceux qui n'y étaient pas admis – le marquis de Montespan en tête. La favorite ne vivait pas à Trianon, elle pouvait éventuellement y passer la nuit avec le roi, mais le confort était sommaire car le lieu était réservé aux collations. Elle préférait le château, où elle élevait cochons et chèvres dans ses appartements, ajoutant au manque d'hygiène et aux mauvaises odeurs.

On peut imaginer la fragilité du bâtiment, la porcelaine craquait lors des gelées des hivers rigoureux, et, malgré une restauration effectuée en 1682, le Trianon de porcelaine ne résista pas au-delà de dix-sept ans.

Au hasard des promenades dans les jardins, il n'est pas rare de découvrir encore aujourd'hui des morceaux de porcelaine, et à chaque plantation d'arbres à proximité du Grand Trianon, on peut exhumer d'authentiques morceaux de carreaux représentant des figurines, des scènes champêtres ou des navires de guerre.

Soucieux de faste et de beauté, Louis XIV ordonne la destruction du pavillon durement affecté et décide de construire le Trianon de marbre – la disgrâce de la marquise et l'arrivée dans la vie du monarque de Mme de Maintenon eut peut-être une incidence sur sa décision.

L'édifice a surgi comme par un coup de baguette magique. Le roi n'est pas un novice ; il atteint la cinquantaine ; à son actif, il a l'expérience de Versailles et du Trianon de porcelaine. Mais c'est dans cet édifice à l'italienne qu'il impose véritablement sa propre vision de l'architecture et qu'il établit le goût français à son apogée, tant sur le plan architectural que sur le plan botanique.

Incontestablement, il s'y était préparé. Seul, et avec Hardouin-Mansart. Il semble qu'ils n'aient pas toujours été d'accord. Louis XIV voulait un ordonnancement très différent des symétries habituelles. En observant les façades Sud des deux corps de bâtiment, on voit bien qu'elles sont symétriques, mais la structure qui les relie est un brillant exercice d'équilibre. Avec ses pilastres roses, ses colonnes vertes, ce péristyle a été dessiné par Robert de Cotte à la demande du roi et en l'absence de Hardouin-Mansart qui, à son retour, fut mis devant le fait accompli.

La légèreté de l'architecture fait penser à un théâtre. Le jeu des couleurs des marbres est un enchantement ; le renvoi des pilastres et des colonnes, vertes sur la cour, roses côté jardin, avec leurs bases et chapiteaux de marbre blanc, sont de purs chefs-d'œuvre ; les cintres ornés de guirlandes et de fleurs sculptées par Coustou et par Joly apportent une légèreté et un chic qui témoignent du génie incontestable de Hardouin-Mansart. Un chef-d'œuvre absolu.

La rapidité de la réalisation du Trianon de marbre laisse pantois : les premiers projets datent de l'été 1687 ; le 17 janvier suivant, on y jouait déjà la comédie, et le 22, on y dînait alors que les travaux n'étaient pas encore terminés. C'était Louis XIV. Ne nous étonnons pas.

Le roi avait besoin d'intimité, il était chez lui à Trianon ; sans courtisans et sans public, il n'observait pas les servitudes du Lever et du Coucher. Il venait y passer de courts moments, rarement plus de la journée. Les dames invitées devaient s'y rendre non accompagnées, même celles de sa famille.

L'étiquette y était beaucoup plus relâchée qu'à Versailles. Le château demeurait un lieu d'apparat totalement inhumain, des milliers de courtisans y exerçaient une pression constante, les courants d'air glaçaient les pièces en hiver, les excréments qu'on ne songeait pas toujours à évacuer empuantissaient l'air. Les jardins étaient ouverts à tous, on pouvait y rencontrer le roi, à condition de porter épée et chapeau. À Trianon, on était admis uniquement sur invitation, nominative par surcroît. Lorsque Louis XIV convoquait un marquis au château, celui-ci pouvait se présenter accompagné de la marquise ; en revanche, lorsque le roi conviait – et c'était fréquent – une marquise à Trianon, le protocole exigeait qu'elle vînt seule. ■

Le péristyle du Grand Trianon.

Chapitre 4

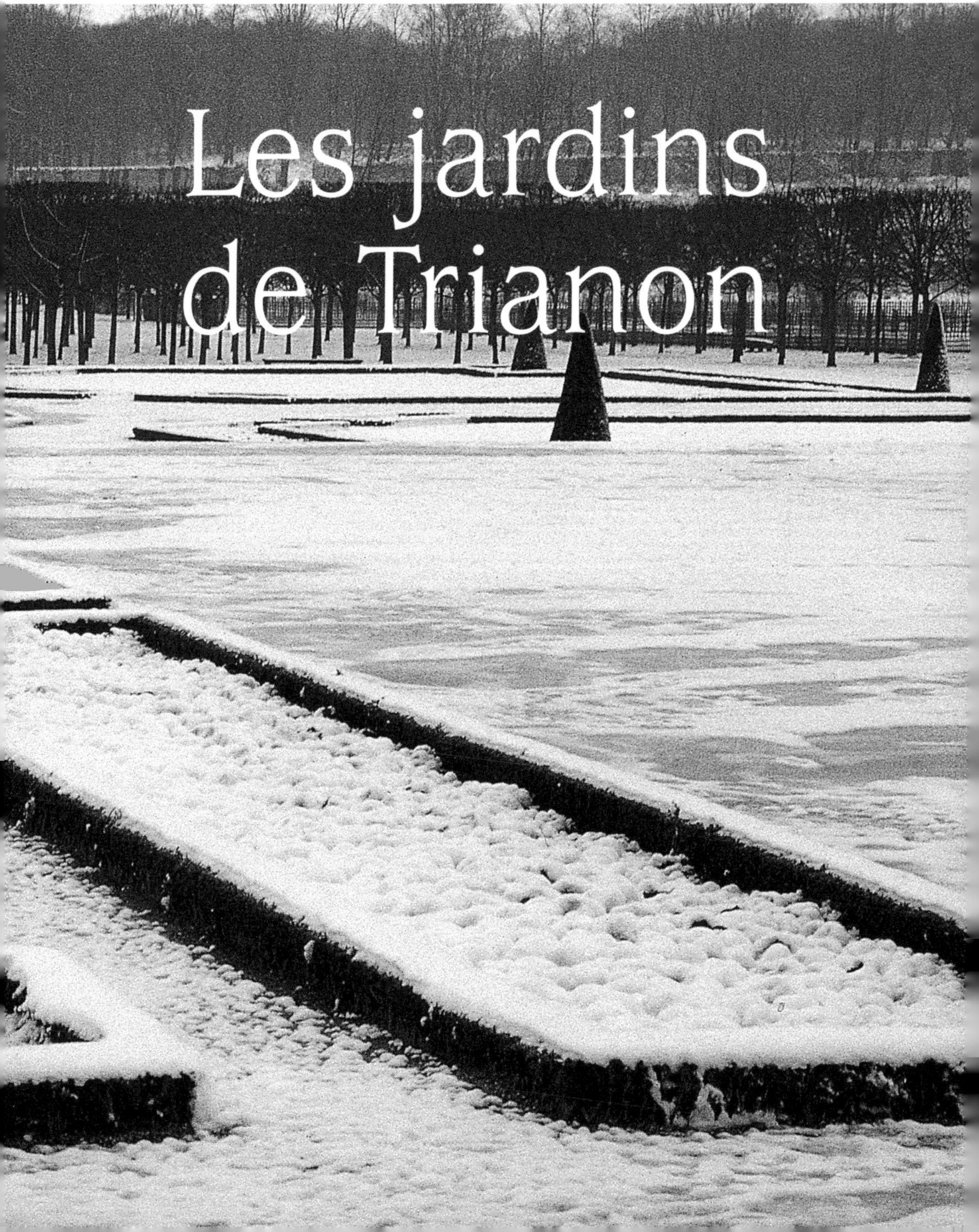

Les jardins de Trianon

Loin des importuns, Louis XIV va se livrer à des fantaisies botaniques qu'on peut qualifier d'avant-gardistes. Le roi ne recule devant aucune extravagance pour satisfaire sa passion botanique. Arnoul, intendant des Galères de Marseille, est mis à contribution, avec mission de parcourir les rivages de la Méditerranée en quête de plantes rares qui seront ensuite acclimatées à Trianon. Il rapporte 3 000 jonquilles, 13 000 jacinthes, des tubéreuses, mais également du muscat et du raisin de Corinthe. Cette expérience est probablement unique dans l'histoire de la botanique.

Dès la construction du Trianon de porcelaine, Louis XIV avait fait appel à Michel II Le Bouteux, jardinier fleuriste et parterriste précédemment en charge des jardins du duc de Vendôme, et apparenté à Le Nôtre dont il avait épousé une nièce. Le Bouteux II mit en place des arabesques de buis taillés, entourées de gazon, un grand nombre de plantes et beaucoup de fleurs.

Le Parterre Haut du Grand Trianon.

Colbert suit de près l'évolution des jardins. En 1674, il écrit : « Voir que Le Bouteux ait des fleurs pour le Roi pendant l'hiver ; qu'il ait le nombre de garçons auxquels il est obligé, et le presser d'achever tous les ouvrages de l'hiver. Il faut me rendre compte, toutes les semaines, des fleurs qu'il aura. »

Ces jardins étaient extrêmement complexes et coûteux à entretenir. Les végétaux qu'il fallait renouveler constamment afin que le roi ne voie jamais une plante fanée étaient installés dans des pots qu'on remplaçait au fur et à mesure des besoins. Dans ces pots, giroflées doubles, anémones, jonquilles, jacinthes, véroniques, coquelourdes, tulipes de Hollande, narcisses de Constantinople, tubéreuses, jasmins et œillets d'Espagne, violettes de mer, campanules, matricaires, lis blancs, valérianes, œillets de poète... quelque 96 000 plantes, toutes en pots, aussi curieux que cela puisse paraître.

« Il y avait une quantité prodigieuse de fleurs, écrit le duc de Luynes, toutes dans des pots de grès, que l'on enterrait dans les plates-bandes, afin de pouvoir les changer, non seulement tous les jours si on voulait, mais encore deux fois le jour si on le souhaitait. »

À l'époque, on aimait les senteurs fortes. Les invités, en parcourant les jardins, identifiaient les végétaux à leurs seuls effluves. Les tubéreuses, les héliotropes, les lis (2 000 en 1690) exhalaient des senteurs si prenantes que les dames de la Cour les fuyaient. Saint-Simon témoigne : « Rien n'était si magnifique que ces soirées de Trianon. Les parterres changeaient tous les jours de fleurs et j'ai vu le roi et la Cour les quitter à force de tubéreuses dont l'odeur embaumait l'air, mais qui était si forte que personne ne put tenir dans le jardin quoique très vaste... »

L'ornementation des jardins de Trianon dans leur ensemble aurait, d'après certaines sources, nécessité jusqu'à 1 900 000 pots, en place ou en réserve. Un chiffre extravagant qui peut être révisé à la baisse si on se réfère à l'architecte Gabriel qui disait au roi Louis XV, en 1743, que, du temps de son aïeul, 900 000 pots de terre furent utilisés pour l'ornement des parterres. Quoi qu'il en soit, le chiffre permet d'imaginer l'étendue et la diversité de la surface fleurie.

Ces milliers de plantes fleuries réclament beaucoup d'eau, or Trianon est moins bien équipé que les Jardins du roi à Versailles. On construit donc des pierrées pour amener les eaux puisées dans les sources et étangs de Marly et alentour.

Louis XIV était un homme de relations publiques tout à fait averti. Soucieux de son rayonnement dans le monde, il entendait utiliser ses réalisations botaniques pour faire connaître sa créativité et son pouvoir. Les privilégiés, hôtes français ou étrangers, qui avaient accès aux jardins de Trianon ne manquaient pas de relater ce qu'ils avaient découvert. Des commentaires dithyrambiques se répandaient dans le royaume, à travers l'Europe, dans le monde entier. Pour la plus grande gloire du monarque.

S'il entendait éblouir ses invités, il se laissait lui-même volontiers épater. Aussi ses jardiniers rivalisaient-ils d'inventivité, de créativité et de labeur, soucieux de lui plaire. En une nuit, pour impressionner le roi, il n'était pas rare qu'on renouvelât un parterre. Le lendemain, Louis XIV, arrivant à Trianon, s'extasiait devant les changements opérés.

On peut toujours prétendre que c'était chose facile en ce temps où la main-d'œuvre était abondante et bon marché. Encore fallait-il avoir l'imagination et la volonté. Et reconnaissons que, à Trianon, ce qui se passait sur le plan purement botanique était de première importance.

Le roi ne fréquentait Trianon qu'à la belle saison, ce qui explique les terrasses plates et parterres de fleurs d'inspiration italienne – parterre haut, parterre bas, parterre des Quatre Nymphes (anciennement parterre des Pucelles et tenant son nom du bassin des Quatre Nymphes, sculptées par Jean Hardy), encadré par la Salle des Antiques ornée de vingt-cinq bustes en marbres rares et précieux, posés sur des socles, sous les voûtes de charmilles –, et le Jardin du roi. Situé à droite de la grille dorée donnant accès à la cour de Trianon, le Jardin du roi est un espace réduit, essentiellement consacré à des arabesques de buis, qui furent replantés en 1911 selon les dessins originels de Le Nôtre, datant de 1688.

Près de ce jardin clos du Roi, dans le bosquet du Théâtre d'Eau, on pouvait voir alors un ravissant petit Amour, assis sur une fontaine, œuvre du sculpteur Gaspard Marsy. De ce bosquet, il ne reste que ce petit Cupidon, que nous voyons maintenant juché sur une conque et qui mériterait un emplacement meilleur.

Séparé du Jardin du roi par un mur, se trouvait le jardin des Sources. Nous ne le verrons jamais tel qu'il était à l'époque, il a disparu en 1776. D'après les gravures et les récits qui nous sont parvenus, le lieu était délicieux, ombragé par de grands arbres plantés irrégulièrement. Une multitude de ruisselets aux tracés sinueux, contournant de petites îles plantées d'arbustes et agrémentées de 50 jets d'eau, faisaient de cet espace un jardin libre, tout à fait baroque – on imagine qu'il pouvait amuser Le Nôtre car il n'avait absolument rien à voir avec le ton des jar-

Le bassin des Quatre Nymphes.

dins de Versailles. Il fut intégré au Jardin du roi sous Napoléon Ier et exclusivement réservé à l'Empereur, relié au Petit Trianon par un pont au moment où l'on remplaça l'allée de la Reine par de vastes espaces engazonnés dans le vallon de Châteauneuf.

Au lieu-dit Le Boulingrin était installée une grande serre sous châssis de bois et de verre où poussaient en pleine terre – et non pas en pots comme il était d'usage à l'époque – des orangers, des citronniers, des grenadiers et autres arbustes méridionaux, souvent disposés en espaliers : une sorte de « jardin d'hiver » surprenant.

Le Boulingrin tient son nom de l'anglais *bowling-green* qui désigne une pièce découverte en forme de cuvette à fond plat, délimitée par un talus ou un glacis sur lequel on jouait aux boules. En France, aux XVIIe et XVIIIe siècles, on appelait « boulingrin » une pelouse minutieusement entretenue, tondue fréquemment par des armées de jardiniers armés de faucilles et de ciseaux en métal, et « bouloir » le jeu qu'on y pratiquait, mélange de golf et de croquet.

De la superbe terrasse devant Trianon, quand on se dirige vers les balustres qui dominent le Grand Canal, on aperçoit l'une des plus belles perspectives du parc. Des rampes incurvées en pente douce encadrent le bassin du Fer à cheval et conduisent au débarcadère construit par Le Vau qui permettait au roi de prendre un bateau pour rejoindre la Ménagerie.

Toujours les mêmes figures géométriques : pour les jardins de Trianon, Le Nôtre manque d'imagination

Dès le début de la construction du Trianon de marbre, André Le Nôtre intervint dans le parc selon le même principe de figures géométriques compartimentées en salles de verdure treillagées. Il s'agit d'un grand parc forestier d'une solennité toute royale, ceinturé de murs, de douves, de sauts-de-loup et autres trouées qui permettaient de prolonger la vue au-delà de l'écran végétal. Un saut-de-loup est un large fossé, empêchant les animaux sauvages et les importuns de pénétrer et permettant aux perspectives de se prolonger, aux alignements d'arbres de ne pas s'interrompre. Le saut-de-loup a-t-il été inspiré par le « ha-ha », d'origine anglaise – un cavalier, surpris par cet accident de terrain, se serait exclamé « Ha-Ha ! » – ou est-ce l'inverse ? Toujours est-il qu'il obéit au même principe : ne pas casser les perspectives.

Selon son obsession habituelle, Le Nôtre trace les grands alignements en dégageant les somptueux parterres créés par Le Bouteux II. Il faut se résoudre à faire nos adieux aux futaies et aux pépinières, Le Nôtre veut planter le parc, il y réussit. Les arbres arrivent par milliers : en 1697, on installe 2 500 marronniers et 91 000 charmilles.

Après la mort de Le Nôtre en 1700, Jules Hardouin-Mansart poursuit son œuvre aboutissant à la création des bosquets et des salles de verdure. Actuellement le parc de Trianon s'étend sur 23 hectares, il est clos de murs sur 2,2 kilomètres et parcouru par 8 kilomètres d'allées.

Après la mort de Le Nôtre en 1700, Jules Hardouin-Mansart poursuit son œuvre scrupuleusement sans oser le changement

En 1702, non loin de l'aile de Trianon-sous-Bois – aile opposée au débarcadère, ombragée par des arbres plantés à proximité immédiate, d'où son nom –, on installe une fontaine magnifique, le Buffet d'eau, sorte de pièce montée dessinée par Hardouin-Mansart et ouvragée de sculptures auxquelles ont participé Le Lorrain, Van Clève, Poirier et Mazière. Cette œuvre imposante, faite de marbres rouges du Languedoc et blancs de Carrare, est rehaussée de médaillons et de têtes qui crachent l'eau, et couronnée par des statues de plomb représentant Neptune et Amphitrite renversant une corne d'abondance sous le regard de deux lions majestueux.

En 1702, Louis XIV transforme le boulingrin du Plat-Fond – qui servait occasionnellement de théâtre de verdure –, au-delà du parterre haut et du parterre bas, en une vaste pièce d'eau pour y voir refléter le marbre rose du péristyle.

La même année, on construit le Châteauneuf, imposante bâtisse où logent jardiniers et fontainiers, et qui abrite une orangerie. L'architecte Gabriel se l'attribuera en 1752. Quand on peut profiter des bienfaits de la royauté, pourquoi se gêner ?

Comme dans les jardins de Versailles, les bosquets de Trianon, délimités par des treillages ou des haies, étaient en réalité des petits bois, constitués de végétaux de taille réduite, ifs et buis taillés pour l'essentiel, délimitant des espaces appelés salles ou chambres de verdure. Lorsqu'on pénétrait dans ces pièces aux cloisons végétales, on découvrait des pelouses très entretenues ou des bassins généralement sans jeux d'eau, des fontaines, quelquefois des éléments d'architecture – statues et vases –, des décorations florales, des berceaux, qui sont des treillages en voûte garnis de feuillage. À l'intérieur de ces chambres de verdure, loin des regards indiscrets, on était isolé et on pouvait en toute quiétude s'aimer, comploter ou, accessoirement, deviser.

Tous ces bosquets ont disparu. Quelques très rares ifs contemporains de la création des jardins ont survécu. Le temps, l'absence d'entretien, les guerres et les révolutions ont eu raison des Salles de Flore, des Portiques, de l'Empereur, des Vases, des Boules d'ormes, de Mercure, de Diane…

La tempête de 1999 a jeté à terre les arbres qui ornaient les lieux. Il reste à découvrir aujourd'hui le jardin des Marronniers, situé entre le Buffet d'eau et le parterre des Quatre Nymphes. Cette « salle verte » présente une pelouse rectangulaire et deux délicieux bassins ornés au centre d'Amours en plomb allongés sur des fleurs. Quant à la Salle Triangulaire, bosquet créé par Hardouin-Mansart en 1704, elle a retrouvé depuis deux ans, grâce à la générosité d'un mécène suisse, ses orangers en pots, ses bancs et son treillage dissimulé par des arbustes de toutes sortes.

Louis XIV, en 1704, vient s'installer à Trianon où il rejoint Mme de Maintenon, son épouse. Trianon-sous-Bois loge aussi quelques privilégiés : le Dauphin, la princesse de Conti et la Palatine, seconde épouse de Monsieur, frère du roi, qui y occupe quatre chambres et un cabinet.

Jeune, Louis XV ne séjourne pas à Trianon. Il l'offre, en 1741, à son épouse Marie Leszczynska, lui donnant toute liberté d'en faire ce que bon lui semblera - elle y recevra son père, le roi Stanislas, chaque fois qu'il se rend à Versailles. Pendant tout son règne Louis XV suit la tradition de son bisaïeul. Il fait entretenir le bâtiment et les jardins. Il reçoit les monarques d'Europe ou du monde plus volontiers à Trianon qu'à Versailles.

Louis XVI accède au trône en 1774, il s'installe au château de Versailles et offre le Petit Trianon à son épouse. Elle y fera d'importantes transformations.

Pendant la Révolution, le Grand Trianon est déserté. Les lys des grilles sont arrachés, mais les administrateurs du département et du district demandent aux révolutionnaires de ne pas endommager les bâtiments et les statues.

Antoine Richard, le jardinier de Marie-Antoinette, est nommé responsable des parterres et bosquets du Grand Trianon par Delacroix et Musset, élus du peuple envoyés en mission en Seine-et-Oise. Les crédits manquent, et le jardin perd de son éclat. Des arbres sont coupés, les treillages sont cassés et une population peu recommandable hante les allées. Il faudra attendre le Premier Empire pour que le parc du Grand Trianon retrouve ses fastes d'antan.

Le domaine de Petit Trianon : cadeau royal pour une ambitieuse

Napoléon, dès le 13 mars 1805, ordonne la remise en état des deux Trianons. Il y loge peu car il parcourt l'Europe à la tête de ses armées et partage les périodes parisiennes entre le Petit Luxembourg, les Tuileries, le château de Saint-Cloud, le palais de l'Élysée, ou encore Fontainebleau, Compiègne, Rambouillet, Meudon et, bien-sûr, La Malmaison.

Après son divorce avec Joséphine de Beauharnais, il se retire à Trianon. Il y passe une dizaine de jours en 1809. Il se promène dans les allées du parc, et le soir venu, va rejoindre Pauline, sa sœur, qui loge au Petit Trianon. L'Empereur revient de temps en temps à Trianon avec Marie-Louise et pendant l'été 1812 les appartements sont réaménagés. Rien de bien extraordinaire : dans ce qu'étaient les petits appartements des dames, on installe le bureau de l'Empereur, une petite salle de bains, un lit qu'on fait venir de Meudon et le salon jaune avec la table en mosaïque qui lui fut offerte par Pie VII. On répartit également dans l'ensemble du château les meubles magnifiques et surtout les objets en malachite que le tsar Alexandre avait offerts à Napoléon en 1807. Le couple impérial semble se plaire à Trianon. On avait proposé à la mère de l'empereur l'appartement situé dans l'aile dirigée vers le Grand Canal, occupé jadis par Louis XIV, puis par le Grand Dauphin, mais il n'eut pas l'heur de lui plaire. Pourtant le salon des Glaces est délicieux, même si depuis la Révolution les glaces anciennes montées sur des tiges de bronze doré ont été remplacées.

Napoléon, s'il aime Trianon, ne s'y sent pas en sécurité, il craint les attentats. Il entend contrôler les équipages qui circulent sur le domaine. Il fait donc clôturer les avant-cours de Trianon et installer des grilles. Des postes de garde sont construits avenue du Grand Trianon et, en

1813, il fait même rétablir le poste de garde de cavalerie le long du mur de l'allée de Bailly, près du bassin du Plat-Fond. La famille impériale profitera peu de ces protections puisque son dernier séjour au Grand Trianon aura lieu en mars 1813.

Louis XVIII, à peine couronné roi de France, se fait conduire à Trianon, dès octobre 1814. Il inspecte le château et déclare que le mobilier voulu par l'Empereur est « inconvenant » ! La Cour déserte Trianon, Grand et Petit, ainsi que Versailles. Le domaine s'assoupit pour de longues années pour se réveiller sous Louis-Philippe.

Le roi des Français aime le Grand Trianon. Il le fait réaménager en 1837. Une façon habile de s'installer à Versailles, le château étant devenu depuis le 10 juin un musée dédié à toutes les gloires de la France. C'est Louis-Philippe qui transforme les grandes pelouses devant Trianon en une sorte de jardin anglais. Il fait dessiner des allées sinueuses et planter des arbres par petits groupes de plusieurs individus. Il n'en profitera qu'une dizaine d'années puisque, en 1848, le Grand Trianon cessera définitivement d'être habité, faute de crédits, l'entretien est quasiment inexistant, aussi bien au château que dans les jardins.

En 1963, sur les conseils d'André Malraux, ministre des Affaires culturelles du général de Gaulle, on installe dans l'aile de Trianon-sous-Bois des appartements présidentiels et on affecte le palais à l'accueil des personnalités étrangères en visite officielle en France. Le bâtiment tout entier est restauré. Il est inauguré le 10 juin 1966, mais les jardins n'ont pas retrouvé leur faste d'antan. Les arbres vieillissent, menacent de tomber, le parc est vaguement entretenu, mais le temps et surtout les modes nouvelles ont terni singulièrement son éclat du XVIIIe siècle. Si, les parterres sont certes plantés chaque année de bégonias, de verveines bleutées, de sauges rouge écarlate, on est quand même loin de la variété et de la profusion des plantations de Le Bouteux ou de Le Nôtre.

L'ensemble des conservateurs, depuis une trentaine d'années, ont à cœur de rendre aux lieux historiques leur aspect d'origine. En 1990, les responsables des jardins du parc de Versailles ont pris la décision d'intervenir dans l'esprit du XVIIe et du XVIIIe siècle. Ils consultent, pour parvenir à leurs fins, de nombreux documents, dont les planches intitulées *Manière de planter les fleurs à Trianon*, datées de 1693, et s'efforcent de retrouver les végétaux qui illustrent ces gravures riches d'enseignement. Ils s'inspirent également d'un tableau accroché dans la galerie du Grand Trianon, œuvre de Cotelle, peintre de Louis XIV, qui reproduit très précisément les parterres, leurs volumes et, surtout, les couleurs employées – quatre seulement : bleu, blanc, rouge et rose.

À parcourir actuellement le parc de Trianon, on mesure l'énorme travail de replantation qui y est entrepris. La terrible tempête de 1999 a été très utile. Un projet existait depuis plusieurs années, envisageant de remplacer les arbres vétustes qui présentaient un danger. Les éléments déchaînés ont accéléré le déroulement des opérations et permis de recréer des salles de verdure, avec leurs charmilles, berceaux et autres ornements.

L'intégralité de la replantation, si elle s'effectue à partir des plans d'origine, s'appuie surtout sur les éléments existants. Ainsi, dans un premier temps, les arbres ont été coupés à environ 50 centimètres du sol afin de conserver avec précision le tracé des allées, lui-même confronté, dans un deuxième temps, avec les documents anciens, pour éviter de reproduire d'éventuelles erreurs initialement commises.

Il faut toutefois noter que la replantation n'utilise pas les mêmes variétés d'arbres. Les ormes, qui constituaient l'essentiel des alignements sous le règne de Louis XIV et qui avaient été replantés en totalité en 1778, puis remplacés par des tilleuls et marronniers sous Napoléon III, ont cédé la place à d'autres tilleuls et à des hêtres. Depuis quelques années, en effet, la graphiose véhiculée par un scolyte condamne inexorablement les ormes, aucun traitement n'ayant, à ce jour, montré la moindre efficacité contre la maladie. Chaque alignement est donc composé d'une essence unique, variable d'un alignement à l'autre, afin d'éviter que l'ensemble du parc soit dévasté si, par malheur, les arbres étaient touchés en grand nombre – comme c'est le cas dans le sud de la France où l'anthracnose décime les populations de platanes.

Dans quelques années, grâce aux travaux entrepris, les arbres du parc de Trianon retrouveront leur apparence d'antan, quand les rideaux de charmilles dépassaient 7 à 8 mètres de hauteur. La technologie moderne, la mécanisation, la robotisation, la taille au laser permettent de recréer les jardins tels que Louis XIV les avait voulus. ■

Intérieur du Grand Trianon.

Trianon sous Bois
du Grand
Avenue
Glacieres

Chapitre 4

Les jardiniers des Trianon

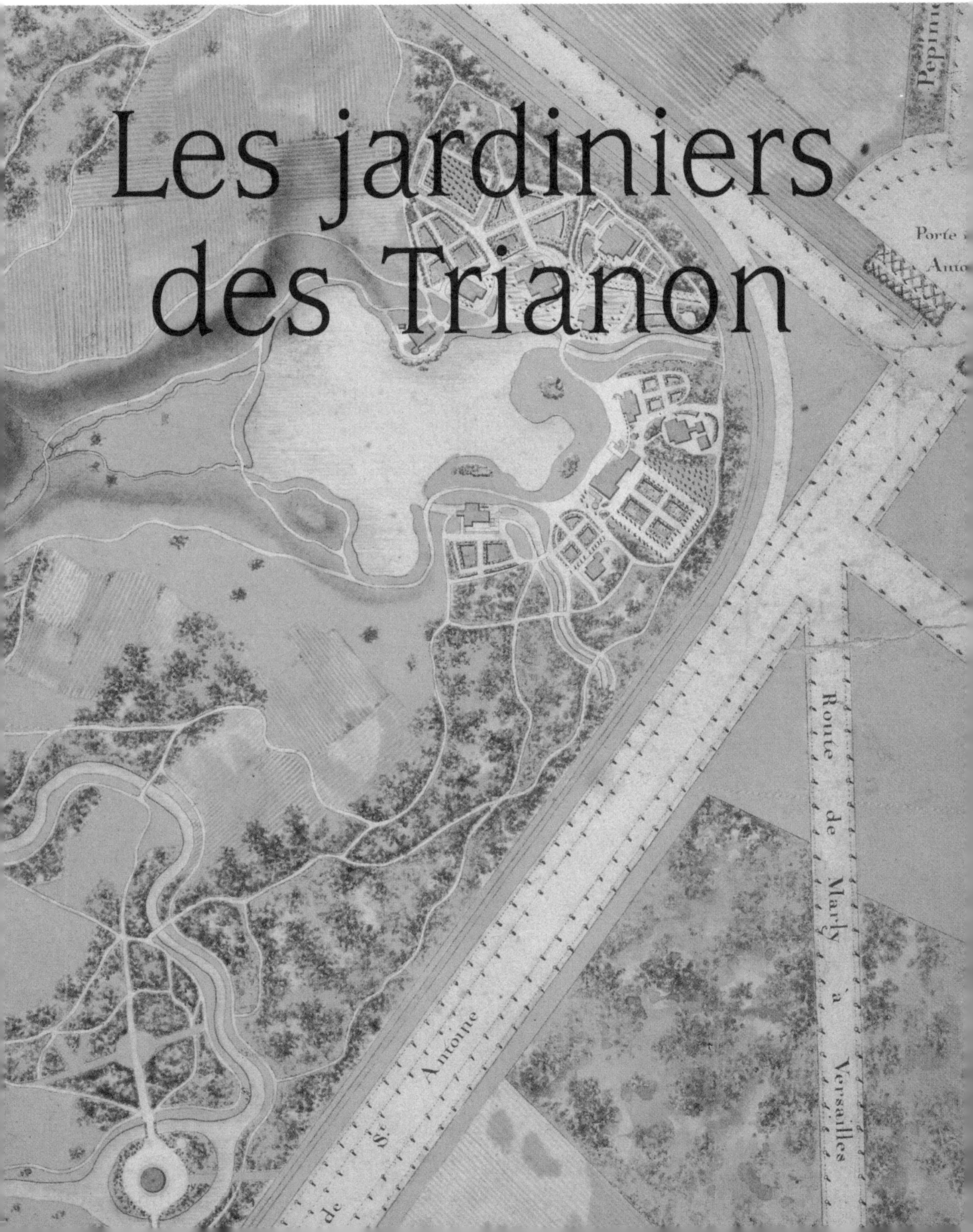

Les jardiniers des Trianon

Il existe à Trianon deux styles de jardins. Le jardin à la française, celui de Grand Trianon, obéit à des principes établis par Claude Mollet et Jacques Boyceau de La Barauderie. Dans ce lieu de rigueur, d'intelligence, le jardinier est avant tout un architecte, et il entend plier la nature à ses désirs et à sa volonté. Nous n'avons que des plans du jardin de recherche botanique de Louis XV, car il a été entièrement détruit par Marie-Antoinette.

Le jardin paysager, ou jardin anglais, est illustré par les jardins du Petit Trianon. Le jardinier est un poète. Il cherche à représenter la nature telle qu'il aimerait qu'elle soit et non pas telle qu'elle est en réalité. Ces jardins-là sont habilement dessinés pour mettre en valeur artifices et trompe-l'œil. Les allées rectilignes deviennent courbes, les plans d'eau s'appellent rivières ou lacs. La statuaire est omniprésente, mais elle reste anecdotique et essentiellement décorative. On construit des fabriques qui sont, en fait, des trucages. Le végétal n'est plus accessoire, il prédomine. On conserve les perspectives, mais sans rigueur, et cassées par des prairies ou des bosquets de formes irrégulières.

Plan général des jardins français et champêtre du Petit Trianon avec les masses des bâtiments (entre 1783 et 1786). Aquarelle de Richard Mique (XVIIIe siècle).

Hêtre pleureur.

Louis XIV fait appel à Michel II Le Bouteux dès la construction du Trianon de porcelaine. Fils de Michel Le Bouteux Ier, jardinier de l'hôtel de Vendôme, son statut est équivalent à celui de Jean Le Nôtre. Ils ont d'ailleurs des terres en commun. La notoriété de Michel Ier lui vient du jardin de Renard, à l'extrémité du jardin des Tuileries, jardin magnifique qui faisait l'admiration de la Cour. Michel II épouse en 1647 l'une des nièces de Le Nôtre, Marguerite Bouchard. Il connaît donc par alliance toutes les combines pour acheter et vendre des végétaux ; entre autres, il fournit en orangers et en arbres les pépinières royales, incapables d'assurer les besoins du monarque.

En 1670, il est nommé par le roi fleuriste ordinaire et concierge à Trianon. Il conçoit la serre amovible qui permet de cultiver en pleine terre les plantes les plus rares et les plus fragiles. Il est le premier à avoir osé la plantation des orangers en pleine terre dans des conditions climatiques peu favorables. Il est également un dessinateur de renom et fait graver ses plans par son fils Michel III.

Jardinier de roi, devenu royal

Le roi l'apprécie et lui accorde généreusement 18 000 livres par an, somme considérable en comparaison des 4 000 livres attribuées à Le Nôtre dont il est le successeur désigné – Le Nôtre, il est vrai, avait d'autres titres et d'autres fonctions, et par conséquent d'autres revenus. Michel II quitte Trianon en 1692 pour s'installer à l'Orangerie des Tuileries.

Michel III Le Bouteux, fils de Michel II, obtiendra en 1692 la charge de contrôleur général des Bâtiments et Jardins du roi. Il s'intéresse surtout à la production de fleurs et la revente de végétaux, et fournit, entre autres, des ifs et des marronniers. On lui doit également la création de plusieurs boulingrins.

Olivier Fleurant est en charge de l'entretien des jardins de Trianon de 1685 à 1691. Son nom n'est pas très connu, mais il devait avoir une position importante. L'homme a en effet touché 6 000 livres de traitement pour l'année 1687, et nous savons que Louis XIV rémunérait ses jardiniers au mérite.

Pierre Collinot succède à Fleurant et œuvre dans les jardins jusqu'à sa mort, en 1694. Jardinier treillageur, il est le fils de Denis Collinot, jardinier modeste et sans titre, et le frère de Jean Collinot, jardinier au château de Versailles.

André Dupuis est le fils d'Henry Dupuis, dont nous avons longuement parlé dans le chapitre « Les jardiniers de Versailles ». André est nommé gouverneur de l'Orangerie du château du roi, il est également pépiniériste à Trianon en 1695. Il prendra la responsabilité des jardins de Trianon de 1696 jusqu'à sa mort, trois ans plus tard, en 1699.

Jardiniers de génie, mais inconnus

C'est Jean-Baptiste Boivinet qui lui succède jusqu'en 1703 dans les jardins du Grand Trianon. Il cumule ses fonctions avec celles de jardinier des Jardins et de l'Orangerie du château.

Il faut évoquer André Le Nôtre, mais il est plus architecte de jardin que jardinier proprement dit. Il meurt en 1700, et ses travaux seront achevés par Jules Hardouin-Mansart qui était d'ailleurs intervenu dans les jardins avant même le décès de Le Nôtre. Ils ont donc travaillé ensemble.

Jules Hardouin-Mansart est né le 16 avril 1646 à Paris. Son grand-oncle est François Mansart, le célèbre architecte. Il se fait remarquer par Louis XIV en construisant le château que Mme de Montespan a décidé d'édifier à Glagny. Le roi le prend sous son aile ; il est d'abord architecte ordinaire en 1675, puis nommé premier architecte du Roi en 1681 et anobli en 1682 – carrière rapide !

L'homme est de tous les chantiers de Versailles, de Trianon et d'ailleurs. Il intervient sur l'église des Invalides à Paris et la chapelle du château de Chambord ; il dessine Marly, Meudon, Saint-Cyr, Dampierre, l'église Saint-Roch à Paris. En 1691, il est nommé inspecteur général des Bâtiments du roi, puis surintendant en 1699. Il meurt le 11 mai 1708 à Marly-le-Roi.

Le roi est mort, la Régence s'est mise en place à Paris, et Louis XV tarde à s'installer à Trianon.

Les Jardins du roi à Versailles et à Trianon sont entretenus, mais il faut attendre la venue de Louis XV et la nomination d'Antoine Richard pour que les choses évoluent.

Claude II Richard s'installe à Trianon en 1753 à la demande de Louis XV. A son arrivée, c'est Jean-Baptiste Bellleville qui est en charge depuis sept ans (1746) de l'entretien des jardins du Grand Trianon. Belleville est largement rétribué puisqu'il bénéficie de 9 000 livres par an, mais avec cette somme il doit assurer les fournitures – les carrières ont un peu changé. En échange de ses bons services, Belleville se voit attribuer un logement de fonction à Châteauneuf. Il juge ce logement indigne de lui, surtout quand il apprend que Louis XV fait construire pour Claude Richard, le nouveau jardinier du Jardin botanique, une demeure superbe au sein même des jardins. La guerre entre les deux hommes est déclarée, elle ne cessera jamais. Belleville n'est pas le plus honnête des collaborateurs du château, il lui arrive de faire abattre et d'exploiter à son propre compte des arbres de Trianon qui ne sont pas, à l'évidence, des bois tombés lors des tempêtes. Il considère qu'il lui faut aider la nature quand elle tarde à apporter les revenus supplémentaires dont il a besoin.

Jean-Baptiste Belleville meurt en 1786. Son fils lui succède, mais son règne sera de courte durée. Il meurt trois ans après son père, en 1789, sans que son vœu soit exaucé : voir son propre fils prendre sa suite dans les jardins de Trianon. Rappelons que, lorsqu'un jardinier mourait, il pouvait être remplacé par un autre jardinier mais aussi par ses enfants ou même par sa veuve. C'est à sa veuve, la citoyenne Marie-Louise Picard, veuve Belleville, trente-neuf ans, que revient la fonction. Elle sera maintenue dans son poste par Napoléon en 1805 et restera jardinière en chef des jardins de Trianon jusqu'en 1816. Marie-Louise Belleville est alors « remerciée » après avoir servi quatre régimes pendant vingt-huit ans !

Sophora pleureur.

Claude II Richard est le fils de Claude Ier Richard. L'un et l'autre ont travaillé à Saint-Germain-en-Laye : le père, quand il est rentré de son séjour en Angleterre au service du roi Jacques II ; le fils, en y développant une pépinière ; c'est là aussi qu'il fait ses premières expérimentations et ses travaux de botaniste.

En 1753, Claude II Richard prend ses fonctions de jardinier-fleuriste à Trianon et entreprend la création d'un nouveau jardin de fleurs et l'implantation de nombreuses serres – un luxe considérable à l'époque. On y cultive des plantes exotiques, dont l'ananas, et on acclimate le haricot sucré, appelé « gros pelé », la petite lentille rouge que le chevalier Turgot avait rapporté d'une expédition, ainsi que des vanilliers et des cacaoyers. Sous Louis XV on récoltait des fèves de cacao – mais on ne buvait pas de cacao, seul Linné évoquait ce « breuvage béni des dieux ».

Richard travaille également à des expérimentations sur le forçage des fruits.

La Cour et l'Europe sont en admiration devant son travail. Les plus éminents botanistes viennent lui témoigner leur estime. Il est en contact permanent avec Bernard de Jussieu et Carl von Linné. Il transmet son savoir aux savants et aux voyageurs curieux de botanique qui s'apprêtent à explorer les nouveaux continents.

C'est encore à ce Claude Richard que l'on doit l'implantation des tulipiers dont les premières graines furent rapportées de Virginie en 1732 par le marquis de La Galissonnière. Ces tulipiers faisaient l'admiration de tous. Celui que planta Richard lui-même fut terrassé par la foudre vers 1850, celui que Demarne, créateur d'un vaste jardin dans la ville de Versailles, planta en 1754 est mort vers 1820, et celui qui fut planté à Choisy-le-Roi n'a pas survécu à la destruction du parc confisqué comme bien national puis vendu par lots pendant la Révolution. Les bâtiments tombent en ruine et le château sera démoli au XIXe siècle. Richard bénéficie très rapidement de la confiance de Louis XV qui n'a qu'à se louer de ses talents et de son intégrité. Pour le remercier, il lui accorde un statut privilégié : relever exclusivement de l'autorité du roi. Il dirigera l'ensemble des travaux du jardin du Petit Trianon.

Après le Jardin botanique, Claude Richard, respectueux des variétés locales, entreprend de dessiner le parc de Petit Trianon. Il y plante de nombreuses espèces forestières d'origine française mais également étrangère. Il veille à ce que ces dernières soient susceptibles de s'acclimater sous un climat ressemblant à celui de leur lieu d'origine et participe ainsi à leur notoriété en France.

Les plus grands botanistes d'Europe ont rendez-vous à Versailles

On peut regretter que la gloire de Claude Richard ne soit pas au même niveau que celle d'André Le Nôtre. S'il a bénéficié de son vivant d'une grande considération, il reste, très injustement, méconnu aujourd'hui.

Antoine Richard, le fils de Claude II, fut longtemps associé aux travaux de son père. Formé au Jardin des plantes par les Jussieu, il était tenu en grande estime par les botanistes et les savants de l'époque.

Louis XV lui confia tout d'abord des missions. Dès 1760, il herborise au Mont-d'Or, parcourt la chaîne des Pyrénées, se rend au Portugal, en Espagne, aux îles Baléares, voyage dans le nord de l'Afrique, dans une grande partie de l'Asie. Il réunit une quantité prodigieuse de végétaux inconnus en France qui seront répartis dans tous les jardins royaux, notamment le buis à feuilles de laurier et la giroflée maritime (*Malcolmia maritima*), aussi nommée julienne de Mahon, une plante annuelle aux petites fleurs blanches, roses ou rouges. Il se rendra souvent en Angleterre et en Hollande pour y étudier des procédés de culture nouveaux, car ces deux pays excellent dans cette discipline.

On lui doit l'implantation en France de nombreux arbres : le mélèze pleureur, des variétés de pin, une collection de chênes, un hêtre pourpre, des bouleaux noirs, des mûriers noirs, des acacias roses et un orme qui fut cultivé sous le nom d'« arbre inconnu » et que Richard nommera orme polygame en 1772.

C'est probablement grâce à lui que nous avons la chance d'avoir le plan du Jardin botanique, plan qui fut levé en 1774 dans la collection Lerouge. Sans ces documents nous saurions peu de choses de ces magnifiques travaux des Richard père et fils et de Louis XV car Marie-Antoinette, dès son arrivée à Trianon, demande à Antoine Richard, qui avait succédé à son père Claude II, de créer un nouveau jardin. C'est à cette occasion qu'il a imaginé un dessin dans le style anglo-chinois, qui fut jugé par la reine et son entourage trop compliqué et sans grâce.

Antoine Richard a eu bien du mérite car pendant les quinze années passées au service de Marie-Antoinette il a dû avaler de nombreuses et grosses couleuvres.

Il a droit à la reconnaissance des amateurs de jardins ; pendant la Révolution, en effet, il se battra pour éviter que le domaine soit morcelé et vendu. Il acceptera de faire planter dans le Grand Parc de Versailles des arbres fruitiers et des légumes, notamment dans les parterres devant le château et dans le Grand Canal asséché. Et ainsi contribuera à sauver les jardins.

En 1794, il prendra en charge les jardins du Grand Trianon et les arbres fruitiers du parc tout en conservant ses responsabilités aux jardins du Petit Trianon.

En 1805, il est congédié, et il meurt en 1807, ruiné et ignoré de tous. Un scandale botanique inadmissible.

Mique aurait dû garder sa tête

Antoine Richard, sous les ordres de Marie-Antoinette, a travaillé aux côtés de Richard Mique. Celui-ci est avant tout architecte. Il a beaucoup travaillé avec le roi de Pologne, Stanislas Leszczynski, installé par son gendre Louis XV sur le trône du duché de Lorraine, et fut collaborateur et successeur d'Emmanuel Héré de Corny, le premier architecte de Stanislas Leszczynski. On lui doit les jardins de Lunéville, le château de faïence de La Maillerande, les jardins de Commercy et le pavillon royal de Chanteheu. Mique prend les fonctions d'intendant et contrôleur général des Bâtiments de la Reine après la démission de Gabriel, fatigué des critiques sur ses œuvres passées, au service de Louis XV. Mique fut anobli en 1761, reçu à l'Académie d'architecture en 1775, et, en qualité de premier architecte à la Cour de France, il travailla non seulement à Versailles, où il prit la succession de Jacques-Ange Gabriel, mais à Saint-Cloud et à Fontainebleau. Consécration suprême, il bénéficia d'un logement dans le palais du Louvre. Le malheureux sera dénoncé à la Révolution par sa propre fille ; arrêté avec son fils et condamné à mort pour « conspiration pour sauver la reine », il montera sur l'échafaud le 8 juillet 1794.

Sophora
du Petit Trianon.

Difficile d'évoquer Trianon sans s'arrêter quelques instants sur la dynastie des Jussieu, famille d'origine lyonnaise.

Et d'abord Antoine de Jussieu. Né à Lyon en 1686, il fut l'élève de Magnol et, en qualité de botaniste, proposa le classement des plantes par familles. Sa rencontre avec Tournefort fut déterminante, car il lui a transmis sa passion de la botanique. Il herborise et présente le fruit de ses recherches à Guy-Crescent Fagon, surintendant du Jardin du roi (actuel Muséum d'histoire naturelle). Fagon le nomme immédiatement professeur, en remplacement de Tournefort qui vient de mourir. Il a vingt-trois ans.

Membre de l'Académie des sciences en 1711, il participe en 1720 à l'introduction et à la culture du café aux Antilles. Il meurt à Paris en 1758.

Bernard de Jussieu, le frère d'Antoine, est né en 1699. Il se prend, lui aussi, de passion pour la botanique et l'accompagne en Espagne. Il est nommé médecin à Montpellier en 1720, puis naturaliste au Jardin du roi, à Paris, en 1722.

C'est à lui qu'on doit l'introduction en France, en 1734, du premier cèdre du Liban. Selon la légende, il l'aurait rapporté d'Angleterre dans son chapeau.

En 1758, Louis XV l'appelle à Trianon pour fonder une école de botanique. Il s'inspire beaucoup de son ami Linné, le célèbre botaniste suédois, et améliore la classification végétale.

Chêne fastigié.

Il crée des liens indéfectibles avec tous les grands navigateurs qui lui rapportent des spécimens du monde entier. Ainsi il reçoit du père jésuite Nicolas Chéron d'Incarville l'ailante, un bel arbre de croissance rapide, aujourd'hui présent dans beaucoup de jardins, qui lui arrive de Chine en 1751. Il rédige en 1759 un catalogue des plantes cultivées à Trianon et au Jardin du roi de Paris, manuscrit qui sera édité trente ans plus tard par son neveu Antoine-Laurent.

Bernard de Jussieu meurt à Paris le 6 novembre 1777. C'est une perte immense.

Joseph de Jussieu est le troisième frère, le cadet de la famille, né en 1704. Pendant trente-cinq ans il parcourt l'Amérique du Sud, y découvre le caoutchouc et le quinquina. Il introduit l'héliotrope à Paris en 1740. Il s'éteint en 1779.

Le neveu de ces trois éminents botanistes, Antoine-Laurent de Jussieu, né à Lyon en 1748, collabore avec ses oncles, notamment son oncle Bernard, et publie ses travaux en 1789. Docteur en médecine, il est nommé professeur à la faculté de Paris en 1804. En 1826, il démissionne de sa charge au Muséum d'histoire naturelle. Il écrit dans le *Dictionnaire des sciences naturelles* (Paris, éditions Levrault) des articles hautement appréciés par tous les botanistes. Il meurt en 1836.

Adrien de Jussieu, lui, est né à Paris en 1797. Il est le fils d'Antoine-Laurent et succède à son père au Muséum d'histoire naturelle en 1826, quand celui-ci donne sa démission. Il est également reçu à l'Académie des sciences en 1831. Il est l'auteur de plusieurs ouvrages dont le *Cours élémentaire de botanique*, un ouvrage lu par des générations d'étudiants. Il est nommé directeur du Muséum en 1834 et 1835 ; il en assure également la direction en 1842 et 1843, ainsi qu'en 1848 et 1849. Il guide dans les jardins de Trianon le comte Jaubert qui réalise l'inventaire des arbres et arbustes. Il meurt en 1853.

Après cet hommage aux grands botanistes de l'époque, intéressons-nous à un petit métier présent durant les règnes de Louis XIV, Louis XV et Louis XVI.

La mort rapporte gros aux taupiers

Le métier de taupier assure la prospérité à ceux qui l'exercent. C'est une charge, elle se transmet de père en fils. Les Liard sont donc taupiers depuis le règne de Louis XIV. La situation est rentable puisqu'ils sont payés à l'unité et que, certaines années, ces éminents taupiers font passer de vie à trépas plus de 7 000 individus.

Ils utilisaient une taupière, un bâton évidé muni au centre d'une soupape métallique. Au passage de la taupe, la soupape se soulève et laisse entrer l'animal. Elle se referme aussitôt, emprisonnant la taupe qui assure ainsi la fortune de ses prédateurs.

En 1812, il y avait toujours un Liard taupier, il exerçait à Trianon mais il était très âgé, soixante-douze ans, et outre son activité officielle, il était, selon la rumeur, tenancier d'une maison de tolérance. Il possédait un petit logement attenant à un poste de garde et profita de l'abandon de ce dernier à la Révolution pour se l'attribuer. Le soir, il transformait son logement en cabaret, n'hésitant pas à installer dans les allées du parc tables et chaises. L'étage était loué à ce qu'il convient d'appeler des pensionnaires. Napoléon, l'ayant appris, jugea bon de le licencier et entreprit de restaurer le pavillon des gardes.

Après la Révolution, les hommes en place cherchent surtout à sauvegarder l'essentiel, les végétaux les plus précieux, et à les préserver du vol ou de l'abattage pour en faire du bois de chauffage. Toutefois les navigateurs continuent de parcourir le monde et ne cessent de rapporter un grand nombre de plantes qui vont essentiellement au Muséum d'histoire naturelle.

Sous Napoléon, on replanta les découvertes de Thouin qui introduisit, probablement par flagornerie, le pin de Corse aux Grand et Petit Trianon.

Et des ordres furent donnés par Thouin, directeur du Muséum d'histoire naturelle en 1814 et 1815, pour que les collections végétales soient transférées au Muséum mais par chance, la botanique et l'envie de créer n'étaient pas définitivement lettre morte à Trianon.

En 1858, Jacques Briot, jardinier à Trianon, crée un marronnier à fleurs rouges. Des fleurs de belles dimensions et de couleur rouge sang, contrairement aux autres marronniers dits à fleurs rouges qui produisent des fleurs d'un rose plus ou moins soutenu.

En 1875, Charpentier, jardinier en chef des jardins du Grand Trianon depuis octobre 1847 (sous Louis-Philippe), puis du Petit Trianon en 1854 – les deux jardins sont réunis jusqu'en 1883 –, décide d'étiqueter les plantes des jardins. Les cartels indiquent le nom scientifique, le nom usuel, la date d'introduction en France de la plante présentée. Une innovation d'importance. C'est grâce à lui que les promenades dans les jardins de Trianon sont l'occasion d'apprécier davantage la botanique.

L'année suivante, en 1876, le comte Hippolyte François Jaubert, ministre des Travaux publics dans le gouvernement d'Adolphe Thiers, élu en 1871 député du Cher à l'Assemblée nationale et passionné de botanique, recense 378 arbres. Bien peu en regard de tout ce qui a été planté, et nous en connaissons les quantités puisqu'il existe encore, dans la plupart des cas, les bons de commande. Que sont devenus tous les autres arbres ?

L'orangerie de Trianon.

En 1910, bon nombre d'étiquettes du jardin sont encore en place alors qu'en 1924 les sociétés

d'Agriculture et des Arts s'inquiètent de leur disparition. Qui a bien pu saboter ainsi un travail remarquable ?

Le 1er avril 1960, c'est donc récent, le bulletin municipal officiel de la Ville de Versailles précise, dans un article signé Émile Houth : « L'État a dépensé – et il a bien fait – des millions pour la restauration du domaine de Versailles, ne pourrait-il consacrer quelques milliers de francs pour étiqueter ces vénérables vestiges du jardin botanique de Richard ? »

Effectivement, on peut se demander pourquoi l'ostracisme dans lequel a été tenu Richard perdure trois siècles après sa disparition.

Il faut attendre 2006 pour que les arbres soient enfin identifiés. ■

Chapitre 4

Les Glacières

Les Glacières

À Versailles, à Trianon, comme dans toutes les propriétés royales et châteaux dignes de ce nom, on rafraîchissait les aliments et les boissons, on fabriquait des sorbets. La grande tradition voulait qu'on se fît servir tous les jours un sac de glace – luxe inouï et pratique dont les Romains avaient été précurseurs. Cela ajoutait à la qualité, à l'art de vivre du moment.

À la différence des glacières qui étaient généralement enterrées, celles de Versailles – on en dénombrait treize en 1688 – se présentaient hors sol, symbole parmi d'autres de la toute-puissance du souverain.

Ces glacières, protégées des voleurs par de hauts murs et dont les promeneurs n'aperçoivent aujourd'hui que les toits de chaume quand ils se rendent, par les jardins, du Grand Trianon au Hameau de la reine, jouxtent l'ancienne ménagerie de Louis XV où se trouvait son extraordinaire collection de gallinacés. Transformé en laiterie sous Louis XVI, le bâtiment fut dévolu à la traite des vaches : voilà pourquoi l'allée de gauche, celle qu'empruntaient les bovins, est pavée.

Une glacière.

Admirablement conçues, installées à proximité d'un point d'eau pour faciliter l'approvisionnement, les Glacières ont été construites sur les terres les moins humides, bien ombragées – les arbres furent malheureusement emportés par la tempête de 1999, sauf un tilleul.

Il s'agissait de gigantesques puits, de dix mètres de profondeur et autant de diamètre, creusés dans les parties hautes du domaine pour permettre la mise en place d'un puisard où s'évacuait l'eau provenant de la glace fondue. Les parois étaient tapissées de paille – ils sont toujours dans leur état initial. L'ensemble, surmonté par une voûte de pierre recouverte de chaume isolant, fut installé pour la première fois en décembre 1668 – la couverture a été refaite à l'identique il y a une vingtaine d'années. Les ouvertures étaient orientées vers le nord et l'est ; le sol était pavé, ce qui permettait un remplissage rapide et limitait infiltrations et déperdition.

De la glace en été : symbole de luxe pour les nantis

L'hiver, on ramassait la glace – la neige, à défaut de glace – dans les étangs voisins. Elle était cassée et pilée avec des haches ou des maillets, puis jetée dans les puits, tassée et stockée. Quand la température extérieure était très basse, on versait de l'eau dans le puits pour augmenter la masse gelée et combler les vides.

Pour gagner du temps, les jardiniers de Trianon et des gardes suisses prêtaient assistance aux ouvriers chargés du remplissage ; ceux-ci recevaient 18 sols pour une longue journée de labeur qui prenait fin à la tombée de la nuit. À titre de comparaison, le salaire moyen d'un jardinier s'élevait à 15 sols par jour, soit environ 240 livres par an ; celui d'un domestique à 100 livres par an avec, en sus, le gîte et le couvert. On déboursait 4 sols pour

1 litre de vin, 3 sols pour 700 grammes de pain (1 louis d'or égale 24 livres, 1 livre égale 20 sols).

Lorsque la glacière était pleine, on colmatait les deux ouvertures avec de la paille, de la glaise et du bois, pour éviter tout contact direct avec l'extérieur. La glace pouvait se conserver ainsi pendant trois ans.

Au printemps et en été, on pénétrait dans la glacière par une petite porte faisant office de sas, on descendait dans le puits avec une échelle, on remontait la glace selon les besoins.

Louis XIII, déjà, avait promulgué en 1642 un édit aux termes duquel la glace était l'objet d'un privilège. À charge pour les concessionnaires de la collecter et de la vendre, sachant qu'on consommait peu de glace en dehors des villes et que son prix pouvait varier de 1 à 7 selon que l'hiver était rude ou doux, qu'elle existait en grandes quantités ou qu'il fallait en faire venir d'autres régions.

La glace était précieuse. Outre son utilisation pour rafraîchir ou apprêter les mets, elle était fort prisée pour lutter contre les fièvres. Lors des grandes épidémies de peste, notamment à Marseille en 1630, on eut abondamment recours aux applications de glace.

Jusqu'en 1793, on livra de la glace à la famille royale enfermée au Temple. La même année, l'exploitation des glacières fut mise aux enchères. Et nous savons que, en 1849, un limonadier, locataire des lieux, reçut l'autorisation de collecter la glace sur le Grand Canal.

Toute activité cessera au début du XXe siècle. ■

Une glacière.

Chapitre 5

Le Petit Trianon

Chapitre 5

Louis XV

Louis XV

Si le règne de Louis XIV a été marqué par deux très grandes constructions, Versailles et Trianon, deux hommes ont eu un rôle déterminant : Hardouin-Mansart et Le Nôtre. Le règne de Louis XV ne peut prétendre qu'à un seul nouveau bâtiment, le Petit Trianon, un architecte, Gabriel, et un jardinier, Richard. Deux monarques, deux grands architectes, sans conteste les meilleurs, pour soixante-quinze années illustrées par la perfection architecturale et les extraordinaires avancées de la botanique.

Pendant la Régence, le château de Versailles et le Grand Trianon sont désertés, Néanmois les Jardins du roi et le Grand Parc continuent d'être entretenus.

Louis XV est très respectueux de l'œuvre de son arrière-grand-père ; il sait qu'il lui faut, pour des raisons politiques, conserver Versailles en l'état – « Je ne veux rien changer à ce qui se pratique à la Cour... Je n'aime pas défaire ce que mes pères ont fait. » La sagesse obligée, en quelque sorte. Mais la situation du Trésor est délicate : les guerres menées par Louis XIV n'ont pas arrangé les finances publiques, l'échec de Law ne permet pas

Le Pavillon français.

d'entreprendre de nouveaux travaux ni de pérenniser les fastes du règne précédent.

Sous son règne, peu de choses sont entreprises dans le domaine royal. Un investissement en 1723 : la reconstruction de la faisanderie de la Ménagerie de Louis XIV dans le Petit Parc ; on y élève des faisans pour satisfaire les plaisirs de la chasse du jeune roi à qui il arrive de tuer, certains après-midi, jusqu'à 318 faisans – record à battre. On fait également combler l'étang de Clagny, totalement asséché par les folies hydrauliques de Versailles. Entre 1738 et 1740, le bassin de Neptune est remanié : cette imposante fontaine retrouve son faste et ses 99 jets d'eau. Enfin en 1747 on opère une replantation partielle de 8 à 10 000 sujets dans les jardins du château.

L'embarras du choix : Compiègne, Fontainebleau, Choisy, Marly, Versailles...

Louis XV séjourne très peu au château de Versailles, il fréquente surtout Compiègne, Fontainebleau, Choisy, Marly. Mais il a toujours eu, même enfant, une prédilection pour Trianon. « D'où vient qu'on me mène à Versailles et pas à Trianon, disait-il au maréchal de Villeroi. J'aime tant Trianon... »

En 1744, après la mort de la Mme de Châteauroux, il vient s'établir à Grand Trianon parce que c'est l'endroit qui lui paraît le plus agréable. Et il y amène Mme de Pompadour. Ses appartements de Trianon lui conviennent parfaitement, ils communiquent avec ceux de la marquise qu'il peut voir « à tout moment comme il souhaite ».

Le souci prioritaire du roi est de faire plaisir à sa favorite : dès 1749, il entreprend donc des constructions – la nouvelle Ménagerie, le Pavillon français, le Salon frais.

Rappelons qu'en 1753 le nom de Petit Trianon n'est pas encore donné aux constructions ; ces nouvelles créations sont appelées la Nouvelle Ménagerie de Trianon ou le jardin de la Ménagerie de Trianon, le nouveau jardin du roi à Trianon, quelquefois même l'Hermitage de Trianon.

En 1749, Louis XV décide de créer une Nouvelle Ménagerie. Très différente de celle construite en 1662 par son arrière-grand-père aux abords du Grand Canal. Rien à voir avec une ménagerie « de curiosité », comme on disait sous Louis XIV.

Les travaux conduits par l'architecte Gabriel sont achevés en 1750. La Ménagerie est installée près des glacières. Et elle comporte une grande laiterie, un logement pour la laitière, une vacherie et une bergerie. Elle abrite de nombreuses et belles vaches « qu'on tire de Hollande », selon le marquis d'Argenson, et surtout des poules, beaucoup de poules – car le roi et Mme de Pompadour se passionnent pour les volailles. Il y en a partout à Trianon, jusque dans le cabinet du roi, c'est-à-dire dans ses appartements, et dans les combles. De nouvelles volières et de nouveaux poulaillers sont construits en 1751.

Simultanément, on entreprend, toujours sous la conduite de Gabriel, la construction du Pavillon français et du Salon frais.

Conçu sur un plan très simple d'étoile à quatre branches, le Pavillon français est constitué d'un vaste salon circulaire, flanqué de quatre cabinets disposés en diagonale et éclairés par des fenêtres à linteau : un pour le jeu, un pour la conversation, une garde-robe et un « réchauffoir » des collations. L'édifice est d'une rare élégance. Sa nouveauté tient dans les larges portes-fenêtres cintrées qui s'ouvrent sur le jardin, pratiquement de plain-pied, planté de bosquets et orné de bassins.

Le Pavillon français dont la construction fut achevée en 1750 existe encore aujourd'hui, on peut le visiter.

Le Salon frais est un petit édifice carré, à terrasse ornée de vases qui ont aujourd'hui disparu ; un treillage vert couvrait entièrement la façade. L'intérieur était décoré par d'élégants lambris, et des plaques de marbre du Languedoc tenaient lieu de cheminée. Cette maison – en réalité une fabrique – servait de salle à manger pendant l'été.

Intérieur du Pavillon français.

Elle était située au milieu d'une salle de verdure rectangulaire, constituée par deux galeries de treillage et des portiques entourant une sorte de parterre de 50 mètres de large sur 20 mètres de long. On y disposait des caisses d'orangers, et on installait, dans les pilastres des treillages, les tiges de 40 tilleuls taillés en boule. Les portiques et le Salon frais ont disparu, et actuellement les tilleuls sont taillés mécaniquement et forment des arbres d'alignement.

Le Salon frais fut reconstruit sommairement en 1985 ; sa restauration intégrale à l'identique est prévue pour 2008, nous dit-on.

Les officiers des corps de garde qui habitent à proximité du château du Grand Trianon ont droit à un parterre, avec des poulaillers, un potager et une volière.

À côté du Salon frais, la Volière était un pavillon carré, absolument délicieux, percé d'une grande porte cintrée et flanqué de deux bâtiments moins élevés, l'un et l'autre éclairés par une fenêtre et agrémentés d'un petit bassin. Après la volière, on apercevait une figuerie, des serres et des jardins de couche pour les fruits et les fleurs rares.

Il est difficile de chiffrer les dépenses engagées aussi bien dans les jardins et pour la construction de la Ménagerie, du Pavillon français et du Salon frais. Trianon était considéré comme une dépendance de Versailles et les entrepreneurs présentaient des mémoires collectifs embrassant tous les travaux du domaine.

Après s'être plié aux goûts de la marquise de Pompadour, Louis XV va enfin s'intéresser aux cultures et s'adonner à sa passion : la botanique.

Il fait installer à Trianon un nouveau potager, avec de vastes serres chaudes, élaborées selon des procédés très novateurs pour l'époque ; puis une extension de ce potager ; et, surtout, il y fait aménager un jardin d'expériences, le fameux Jardin botanique. On y fait pousser toutes sortes de fruits, légumes et arbustes en provenance de contrées lointaines.

En 1755, D'Argenville visite Trianon et nous explique qu'il y a là des plantes étrangères en grand nombre : ananas, café, cierges, aloès, géraniums, figuiers des Indes, *Opuntia major*, appelé également raquette à cause de ses feuilles larges de quatorze pouces. Ces plantes sont rangées sur des gradins, sauf pour celles qui sont en pleine terre, enterrées dans du tan ». Il ajoute qu'on fait venir également des fruits prématurés et des plantes curieuses.

À côté de ce premier jardin potager, un deuxième jardin où sont aménagées des serres vitrées pour des primeurs, car l'idée du roi était de manger, comme son ancêtre Louis XIV, des légumes avant la saison.

Ce jardin est suivi d'un troisième jardin, fleuriste celui-là, dont les murs sont recouverts de filarias (arbustes proches de l'olivier), de buissons ardents, de jasmins-jonquilles.

Les plates-bandes de tous ces jardins sont bordées de petits orangers qui poussent dans des seaux cerclés de fer, enfoncés dans le sol, pour laisser croire qu'ils sont plantés en pleine terre.

Très bizarrement, il est à noter que ce nouveau potager et le Jardin botanique ne figurent pas sur les plans datant de 1753.

Louis XV est passionné par la botanique. On la lui avait enseignée quand il était jeune, et, à Versailles, il s'est intéressé aux travaux de La Quintinie, tout particulièrement ses essais d'acclimatation d'arbres d'origines lointaines : ananas, figuier, caféier.

Louis XV est notre grand roi botaniste

Il décide d'installer un jardin d'expériences dans sa résidence favorite. Il a donc besoin d'un jardinier. Il entend parler, par le botaniste Lemonnier, médecin de l'Infirmerie royale, d'un jardinier installé à Saint-Germain, personnage brillantissime, qui obtient des résultats prodigieux.

Ce Claude Richard, fils d'un Irlandais émigré en France à la suite de Jacques II d'Angleterre, est au service d'un lord, fixé à Saint-Germain, grand amateur de plates-bandes et de fleurs.

Une chance pour le roi : le lord décide de se détacher des biens terrestres et abandonne son jardin à Claude Richard. Celui-ci n'a évidemment pas la fortune nécessaire pour subvenir à l'entretien des serres chaudes. Néanmoins, il se refuse à voir mourir ses plantes et décide de poursuivre son travail. Il trouve des aides, ramasse du bois pour le chauffage des serres, impose à sa famille d'épargner sur l'argent du ménage. On sait qu'il faisait venir dans les serres des primeurs et mûrir des fruits précoces – par son travail, il effaçait, disait-on, « l'intervalle des saisons ». C'est entre autres à lui qu'on doit la création des renoncules et la culture de certaines plantes dans les terres de bruyère.

Louis XV visite cet admirable jardin, et, lorsqu'il va chasser à Saint-Germain, il s'arrête chez Claude Richard

La cour du Petit Trianon.

et fait remplir sa voiture de fruits et de pots de fleurs qu'il offre à toute la Cour. Il décide d'engager Richard et lui demande de venir travailler à Trianon.

Apparemment, la négociation n'est pas facile : Richard ne veut pas, ne peut pas s'arracher à cette propriété qui lui a coûté tant de privations et de dur labeur. Finalement il accepte. À une seule condition : ne recevoir d'ordres que du roi. Le roi s'y engage, et il n'y eut jamais pendant tout son règne qui que ce soit qui s'entremît entre Claude Richard et Louis XV, même pour lui verser ses appointements. Louis XVI maintiendra l'engagement pris par son aïeul.

Jusqu'en 1782, date à laquelle il transmit sa charge à son fils, Claude Richard fut payé directement par le monarque.

Claude Richard arrive à Trianon en 1750, il prend ses fonctions avec le titre de jardinier fleuriste en 1751. Il est exclusivement chargé du nouveau potager. C'est Belleville, le jardinier du Grand Trianon, qui crée les bosquets devant la Ménagerie et en conservera l'entretien jusqu'en 1775.

Une solide inimitié s'établit entre les deux hommes : Belleville ne supporta pas qu'on fît construire pour Claude Richard, dès son arrivée, un pavillon de nobles proportions, face à l'Orangerie de Trianon, près des Glacières, alors que lui-même demeurait dans un modeste appartement à Châteauneuf.

Louis XIV et Louis XV avaient un point commun : rien n'allait jamais assez vite à leur gré.

Entre 1753 et 1759, tous les terrains qui entourent la Ménagerie sont en perpétuel mouvement de construction et de démolition.

On a d'abord fait un potager, ensuite un jardin fleuriste carré, une orangerie. On détruit le potager pour établir un nouveau jardin fleuriste et deux jardins avec des serres chaudes, puis d'autres serres sans feu, et une serre hollandaise pour la culture des ananas, des figuiers et des arbres à fruits, construite à l'initiative d'Antoine Richard, fils et adjoint de Claude Richard : une prouesse technique qui combine chauffage d'appoint, inertie thermique des murs et rayonnement des panneaux en verre, grâce à son exposition plein sud. Les travaux se poursuivent : on installe de nouveau des terrasses, des serres pour élever exclusivement des pêchers, et ensuite on construit des bâtiments.

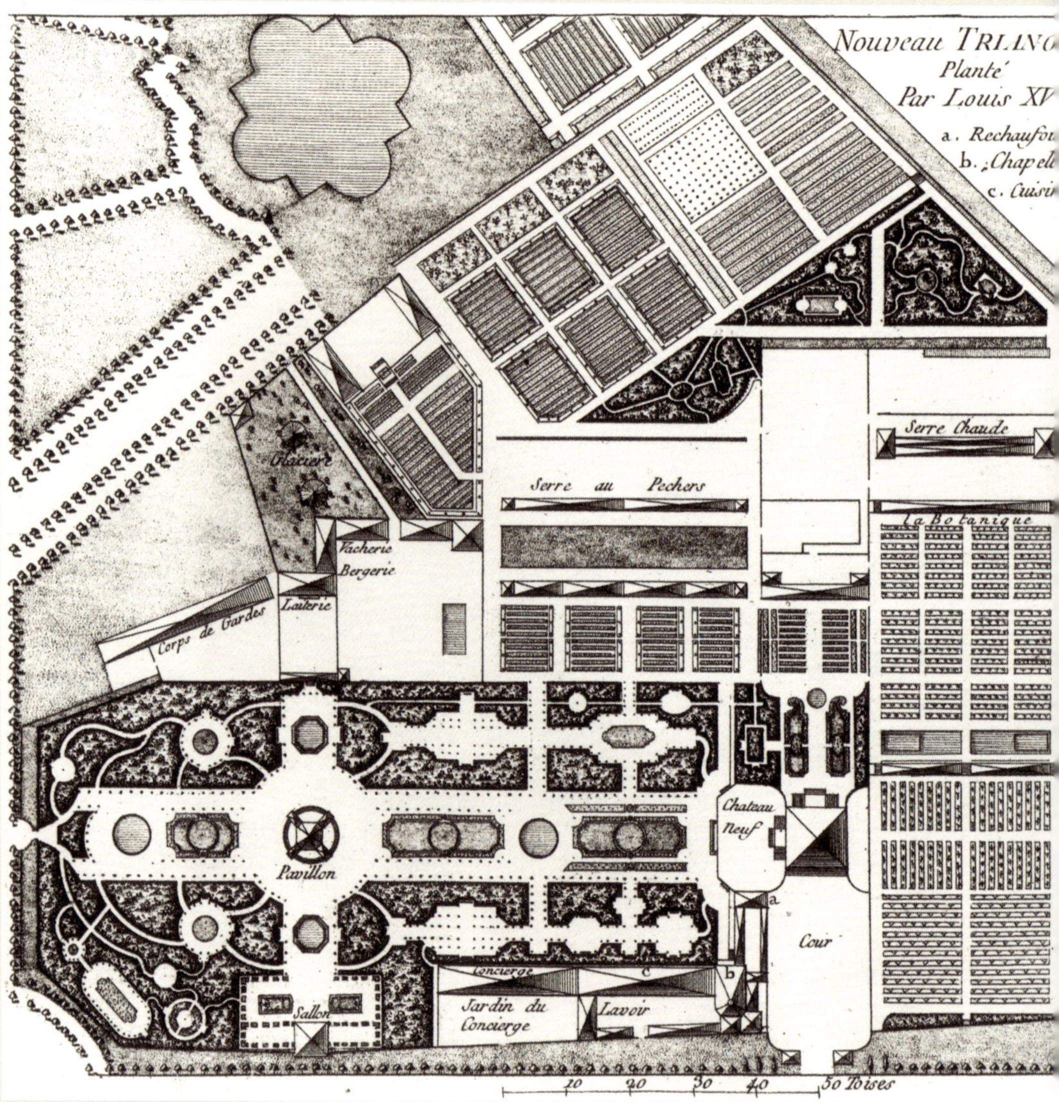

Plan du nouveau Trianon de Louis XV.

Les serres botaniques abritaient en hiver les plantes décoratives en pot dont on ornait le jardin dès le printemps et pour tout l'été : orangers, figuiers bien sûr, mais aussi des plants d'ananas, des cierges, des aloès, sujets très rares pour l'époque. Et même des caféiers hauts de quatre mètres – en production puisque Louis XV ne buvait, paraît-il, que le café récolté à Trianon. Le café, rappelons-le, était une boisson très prisée et d'un prix prohibitif.

Un système ingénieux permettait de chauffer de l'extérieur non seulement les serres en verre, classiques dans leur construction, mais aussi les châssis avoisinants. Ce procédé nécessitait d'énormes quantités de bois et un personnel nombreux pour en assurer l'approvisionnement ; il était donc fort coûteux, mais le résultat était spectaculaire et contribuait à la notoriété du royaume.

Claude Richard avait la responsabilité de tous les travaux botaniques et d'aménagements des jardins.

Une anecdote permet de comprendre les rapports très particuliers qu'entretenaient Louis XV et son jardinier. Un jour, le roi demande à Richard d'où proviennent les retards.

— « Sire, Monsieur de Marigny évalue à 90 000 livres ce qui reste encore à faire. Or comme on ne le paie pas, la suspension des travaux s'ensuit naturellement. Si cette entreprise me concernait, je me ferais fort de l'achever moyennant 30 000 livres.
— Comment, vous en viendriez à bout avec cette somme ? Mais on me vole donc ?
— En douteriez-vous, Sire ?

— En tout cas, Richard, je vous charge expressément de la confection de cet ouvrage.
— Ah ! Merveille, Sire, mais l'argent, où est-il ? Je n'en ai point, moi.
— Quoi, vous en manquez ? Eh bien, venez me voir demain matin vers les dix heures, je vous en prêterai. »
Richard va chez le roi qui lui remet les 30 000 livres en lui disant :
— « Or ça, mon cher Richard, quand on paiera, vous me rendrez cette somme, n'est-ce pas ? »

Et effectivement, quand il a été remboursé par le Trésor, le premier jardinier est venu remettre au roi la somme prêtée.

Amédée-François Frézier n'a pas rapporté les fraises du Chili pour rien

Louis XV se passionne pour la fraise, il demande au botaniste Duchesne de rassembler au Petit Trianon toutes les variétés existantes en Europe. On fait des expériences, on réussit même à semer de la graine de fraise ; on obtient des fruits qui sont considérés comme remarquables et dignes d'être servis au roi. Ces nouvelles techniques de reproduction sont présentées à l'Académie des sciences. Linné, Allaire et Bernard de Jussieu ne tarissent pas d'éloges. Le développement de la culture du fraisier est lancé en France.

Le roi ne s'intéresse pas seulement aux fruits et aux arbres exotiques, mais aussi à l'agriculture. Il participe à des expériences. Notamment celles de Henri-Louis Duhamel du Monceau, un pensionnaire de l'Académie des sciences, auteur, entre autres, d'un *Traité de la culture des terres*, publié en 1750. L'idée étant d'utiliser plus fréquemment l'usage des labours et surtout de faire des économies de semences. Le roi encourage la création du semoir. On sait également qu'il a conçu une charrue qui fut utilisée dans les prairies autour de Trianon – cette charrue sera exposée durant tout le règne de Louis XVI.

En 1755, Louis XV offre un terrain de 809 pieds de long sur 200 de large à Mathieu Tillet, agronome et physiologiste, afin de lui permettre de faire des expériences sur les causes de la corruption des blés et les moyens de la prévenir. Non seulement il prête le terrain, mais il se rend sur place pour assister aux moissons, examiner les différents états des blés. On trouve trace de son intérêt pour ces techniques nouvelles dans les gazettes et même dans le *Mercure*.

Louis XV se passionne aussi pour le blé

Ses contacts fréquents avec Linné et avec Bernard de Jussieu le décident à intervenir au niveau politique et à aider les botanistes à avancer dans leurs travaux. L'objectif était de vérifier si on pouvait établir des lois précises sur la nature. Le roi charge Bernard de Jussieu de présider à la constitution d'une collection botanique.

Avec le titre bien modeste de sous-démonstrateur, Bernard de Jussieu était chargé au Jardin des plantes de diriger la plantation du Droguier, c'est-à-dire le jardin des plantes médicinales. Ses connaissances étaient très étendues, ses méthodes considérées comme sûres, sa réputation bien établie. Il avait fort peu publié, mais il était en relation avec les plus grands botanistes d'Europe qui le tenaient en grande estime. À telle enseigne que dans son ouvrage *Familles des plantes* paru en 1763, Michel Adanson l'appelle le « Newton de la botanique ».

En 1759, probablement à l'instigation de Claude Richard, Louis XV demande à Jussieu de les rejoindre à Trianon. Le roi aime converser avec ce botaniste éminent, prêt à répondre à toutes ses questions et qui n'a tiré de sa relation privilégiée avec le souverain aucun avantage ; il n'a jamais rien demandé et on ne lui a jamais rien donné ; il voyageait à ses frais et on ne lui remboursait pas les dépenses occasionnées par les expéditions au cours desquelles il rapportait des végétaux.

Jussieu n'écrivait pas beaucoup, il parlait, il laissait écrire, notamment les membres de la Société d'Agriculture de Versailles, et il corrigeait. Il a, entre autres, établi les premiers classements qui ont été repris par la suite par Duchesne dans le *Manuel de botanique contenant la propriété des plantes qu'on trouve à la campagne aux environs de Paris*, paru en 1764 : on y trouve une liste de 575 plantes, toutes cultivées à Versailles par M. de Jussieu, chaque plante faisant l'objet d'observations et de commentaires.

Haie d'ifs.

On peut être fasciné par la volonté de Louis XV et de Claude Richard, promu jardinier botaniste du roi, d'enrichir constamment les collections du Petit Trianon. C'est bien sous le règne de Louis XV que furent encouragées les grandes expéditions dans les océans Indien et Pacifique : elles ne furent pas toutes botaniques, mais toutes ont permis de rapporter des végétaux, notamment celles de Jean-Philibert Commerson, Nicolas Marion-Dufresne, La Pérouse, et bien sûr, Bougainville.

Ordre était donné à tous les chefs d'escadre de récolter au cours de leur navigation des éléments de la flore exotique. Le marquis de La Galissonnière, lors d'un voyage en Louisiane, recueillit des échantillons du galé (arbre à cire), l'abbé Pingré une ample moisson de végétaux provenant de l'île Rodrigues, sans oublier Montuclat, Turgot… En 1770, le comte Hector rapporte de Chine et des Indes orientales une collection superbe d'arbres et d'arbustes.

Antoine Richard, le fils de Claude, après avoir suivi des cours au Jardin des plantes, va herboriser au Mont-d'Or. Il parcourt ensuite les chaînes des Pyrénées, se rend au Portugal, en Espagne, aux îles Baléares, en Afrique du Nord. Et réunit une quantité prodigieuse de végétaux inconnus en France, qui seront répartis dans tous les jardins royaux.

Simultanément à l'installation du Jardin botanique, Louis XV décide de transformer et d'agrandir le domaine du Petit Trianon. Le projet consiste à supprimer le corps de garde des officiers, les volières, les poulaillers, les potagers, et de construire un petit château. Malheureusement, la botanique se trouva alors reléguée au second plan, et Bernard de Jussieu ne viendra plus guère. Les travaux de transformation du domaine sont effectués entre 1759 et 1761. En 1762, on commence les fondations du château ; la construction débute en 1763, la couverture est posée en 1764. Dans le même temps, on déplace les collections botaniques au nord-est de ce nouveau château, et les volières et les poulaillers sont installés dans les pavillons qui furent bâtis au bout de la vacherie, devant un bassin rectangulaire destiné aux canards.

Quand la marquise de Pompadour meurt, en 1764, les travaux ne sont pas terminés. Le château sera inauguré, en 1768 par la comtesse du Barry, la nouvelle favorite, qui malheureusement ne s'entendait qu'au plaisir et ne s'intéressait ni aux arts ni à la science.

Ce modeste bâtiment aura coûté 736 056 livres.

Pendant le règne de Louis XV, on a estimé que la dépense globale, pour les constructions (la Ménagerie, le Pavillon français, le Salon frais, le château, etc.) et pour l'entretien des bâtiments et des jardins, se serait élevée à 1400 000 livres. La construction et l'entretien de ce nouveau domaine coûtaient cher – probablement pas beaucoup plus que Versailles, mais Trianon était indiscutablement le plus élégant et le plus soigné de tous les domaines royaux.

On attribue à tort à Louis XIV les mérites qui reviennent à Louis XV. Colbert, on le sait, demandait dès 1660 aux capitaines de la flotte de rapporter des plantes et des semences, mais rien n'était prévu pour les accueillir. Les botanistes travaillaient avec des techniques rudimentaires, les connaissances étaient embryonnaires et approximatives. On ne savait rien, par exemple, de la sexualité des végétaux, même si La Quintinie maîtrisait la production des légumes à contre-saison.

La postérité est très injuste envers Louis XV. Jardiniers et botanistes devraient lui vouer une reconnaissance infinie. C'est véritablement sous son règne que la botanique a évolué en France.

Les publications de l'époque traitant de botanique sont célébrissimes. Notamment *La Théorie et la Pratique du jardinage, où l'on traite au fond des beaux jardins, appelés communément les jardins de propreté comme sont les*

Vue du Petit Trianon.

parterres les bosquets, les boulingrins, etc., d'Antoine-Joseph Dezallier d'Argenville, dont la quatrième édition, parue en 1747, sera complétée par un *Traité d'hydraulique convenable aux jardins*. En 1752, l'ouvrage intitulé *Avis pour les transports par mer des arbres, des plantes vivaces, des semences et de diverses autres curiosités d'histoire naturelle* fait le point sur les techniques et méthodes pour introduire les végétaux venus de par-delà les mers. En 1755, paraît le *Traité des arbres et arbustes*, de Duhamel du Monceau, suivi en 1759 par *La Physique des arbres* : deux œuvres admirables qui font encore autorité. Il faut citer aussi les écrits de l'abbé Rosier, de Pierre-Nicolas Le Chéron d'Incarville (à qui nous devons le *Sophora japonica*).

Encouragés par Louis XV, Claude Richard, responsable des jardins, et Belleville, jardinier en chef chargé de leur entretien, malgré leurs différends, conjuguent leurs talents pour suivre l'évolution des végétaux rapportés par les navigateurs et les explorateurs sous forme de graines ou de plantes vivantes. Ils mettent en place les conditions idéales pour les accueillir, les soigner, favoriser leur acclimatation. Puis les multiplier, les planter dans le jardin avec d'autres végétaux dont le voisinage leur convient. Ils doivent également présenter toute la filière de leur travail à des botanistes, afin que ceux-ci puissent étudier ces végétaux et les décrire. Leurs travaux considérables sont à l'origine de réels progrès botaniques, et on vient de toute l'Europe pour rencontrer ce Claude Richard que Linné qualifie de « plus habile horticulteur que l'Europe ait jamais eu, jamais vu ».

L'école de plein air de Trianon, grâce à lui, jouit d'une réputation très avantageuse. D'autant que Bernard de Jussieu, médecin et naturaliste, donne en personne des leçons de botanique à Trianon. Des naturalistes aussi éminents que Duchesne, Perradon et André Michaux suivent ses cours magistraux avec infiniment d'intérêt.

En 1758, pour la première fois, Bernard de Jussieu tente de mettre en pratique sa théorie sur les rapports naturels des plantes, mais c'est Antoine-Laurent de Jussieu, son neveu, qui les illustrera, en 1788, dans un livre intitulé *Genera plantarum secundum ordines naturales disposita*. Les Jussieu continuent la tradition des herbiers commencée par le médecin botaniste Joseph Pitton de Tournefort qui rapporta de ses nombreux voyages jusqu'à 13 000 plantes nouvelles dont beaucoup sont dans un herbier. Celui de Jussieu présente 17 376 échantillons. Les végétaux sont classés par familles, ils sont numérotés, et leur provenance est précisée. En parcourant cet inventaire, on prend conscience de ce qu'était Trianon sous Louis XV – ces végétaux ont été pour la plupart transportés au Jardin du roi à Paris (actuel Muséum d'histoire naturelle). On découvre qu'un arbousier s'épanouissait dans l'Orangerie et que le lilas des Indes (*Lagerstroemia*), qui apparaît actuellement comme un végétal nouveau dans la région parisienne, poussait déjà à Trianon en 1783.

Louis XV entretient les folies de Louis XIV

En 1771, le 29 novembre, Richard fait au roi une surprise qui lui procure beaucoup de satisfaction. Le roi, après dîner, passant de la salle à manger au salon, voit devant l'Orangerie, sur un gradin éclairé par des réverbères, un tableau de fleurs. Sur un fond de reines-marguerites rouges et violettes étaient tracés par des marguerites blanches son chiffre et deux inscriptions : à gauche, « Vive le Roi », à droite, « le Bien-Aimé ». Le roi n'avait encore jamais vu de reines-marguerites. Des graines, rapportées de Chine par des missionnaires, avaient été semées au Jardin du roi, à Paris, en 1739. À l'origine, elles ne donnaient que des fleurs simples de couleur violette, mais petit à petit, Richard obtint des variétés doubles, à pompon, blanches, roses, panachées, qui maintenant sont répandues dans tous les jardins.

Outre qu'il favorisa la découverte de nombreux végétaux alors inconnus dans le royaume et qu'il hissa Trianon au rang de centre botanique de grand renom, nous nous devons d'ajouter que, s'il allait rarement à Versailles pour rencontrer la reine, Louis XV continua de maintenir le Grand Parc et les Jardins en l'état avec le peu de moyens dont il disposait – les guerres coûtent cher. Pour entretenir le parc et permettre de poursuivre les travaux d'embellissement du domaine, il n'hésita pas à faire abattre des arbres dans les allées proches de la Ménagerie de Louis XIV. Le bois fut vendu, dit-on, « au prix qu'il put en trouver ».

Ses détracteurs tendent à considérer que son action botanique fut transitoire et que ses aménagements furent limités. Il faut cependant lui rendre cette justice : à Versailles, il a respecté et entretenu les avenues symétriques et les alignements de son aïeul, même s'il s'est plu à ajouter, il est vrai, quelques végétaux exotiques, quelques arbustes à fleurs : clin d'œil aux modes nouvelles.

Certes, le jardin du Petit Trianon était fondé sur la curiosité, la découverte, un goût très prononcé pour les végétaux venus d'ailleurs, et un vrai développement des connaissances botaniques, mais toujours dans une volonté de classicisme affichée.

À l'époque, les nouveaux créateurs de jardins à Chantilly, Bagatelle et Ermenonville cédaient à l'illusion et au trompe-l'œil ; on était très attiré par les jardins à l'anglaise. Le Petit Trianon, en revanche, a été pendant quatre ans, de 1770 à 1774, un lieu de résistance, respectant une politique botanique réfléchie. Jamais, pendant les dernières années du règne de Louis XV, il n'a été sacrifié à la facilité.

Que reste-t-il de ce remarquable travail de Louis XV au Petit Trianon ? Dans l'état actuel des lieux, il nous est très difficile de nous représenter la configuration de ce vaste domaine (23 hectares) et d'imaginer ce que fut ce jardin savant et classique. Car au fur et à mesure des constructions qu'ordonna Louis XV, les jardins furent déplacés, les plantes également. Nous avons connaissance d'un plan dressé en 1774. Ce plan tient compte de la construction du château et des remaniements qui ont été effectués par la suite. Et pourtant, quand on l'examine avec attention, on voit déjà, derrière la grande serre botanique, des chemins qui contournent les bosquets et qui tranchent par leur irrégularité avec l'ordonnancement des tracés habituels au compas. On pressent l'arrivée de la mode anglaise qui va envahir la France et détrôner les jardins dits à la française. ■

Chapitre 5

Marie-Antoinette

Marie-Antoinette

Marie-Antoinette n'a eu de cesse de détruire tout ce que Louis XV avait imaginé, planté, agencé. Les parterres de fleurs mêlées de Claude Richard, les bouquets de roses et de pavots, les gerbes de renoncules, les espaces botaniques de Bernard de Jussieu, tout a disparu.

Une ère botanique nouvelle s'amorce, probablement influencée par Jean-Jacques Rousseau qui, dès 1761, prônait dans *La Nouvelle Héloïse* le retour à la nature.

Marie-Antoinette arrive en France, quatre ans presque jour pour jour avant la mort de Louis XV. Elle a quatorze ans et demi. Le 16 mai 1770, elle épouse à Versailles le dauphin, futur Louis XVI.

Elle est soumise jusqu'à la mort de Louis XV aux goûts dominants de l'époque : le théâtre et le jardinage. Le théâtre fut sans aucun doute sa véritable passion, le jardinage un prétexte pour s'évader de l'étiquette et de la Cour. Il n'est, pour en avoir confirmation, que de prendre connaissance du *Catalogue des livres provenant de chez la femme Capet au Petit Trianon*, autrement dit la liste des livres de la bibliothèque de Marie-Antoinette. N'y figurent

Illumination du pavillon du Belvédère lors de la fête donnée par Marie-Antoinette en l'honneur de son frère Joseph II en août 1781. Huile sur toile de Claude Louis Chatelet (1781).

en tout et pour tout que deux livres du comte de Buffon concernant le jardinage – *Théorie de la terre* et *Les Époques de la Nature* –, ainsi qu'un recueil de poèmes de l'abbé de Lille, intitulé *Les Jardins ou l'art d'embellir les paysages*. Rien d'autre.

Qu'elle se soit intéressée aux jardins, c'est possible ; au jardinage, c'est moins sûr. Il est incontestable qu'elle a visité les jardins, notamment le jardin du duc de Chartres, installé plaine Monceau (on disait aussi Mouceau). Elle y découvre les fabriques qui vont devenir la gloire de Trianon. Elle visite également Bagatelle, Brunoy, ainsi que le magnifique jardin du maréchal de Biron (site aujourd'hui du musée Rodin).

Très vite, elle veut fuir la solennité du palais et les contraintes de l'étiquette. Alors qu'elle était encore dauphine, elle écrit à sa mère, Marie-Thérèse d'Autriche, qu'elle désire avoir « une maison de campagne à elle, en propre ».

Louis XV meurt le 10 mai 1774. La comtesse du Barry quitte les lieux, et se retire dans son château de Louveciennes. Louis XVI offre à Marie-Antoinette le domaine de Trianon, autrement dit le petit château de Louis XV avec les jardins. On prête au jeune monarque ce mot galant, alors qu'il lui en remet les clefs : « Madame, ces beaux lieux ont toujours été le séjour des favorites des rois ; ils doivent conséquemment être le vôtre » ; ou encore : « Madame, vous aimez les fleurs, j'ai pour vous un bouquet, le Petit Trianon. » Louis XVI a-t-il réellement prononcé ces paroles ? Nous n'en aurons jamais la preuve. C'est ainsi que la résidence préférée de Louis XV devient la propriété de Marie-Antoinette. La jeune souveraine prend possession du domaine immédiatement, et le jour de la levée des scellés apposés sur les papiers de Louis

XV, elle pend la crémaillère et reçoit à dîner son auguste époux et la famille royale.

On raconte que Trianon changea de nom pour s'appeler « le petit Vienne ». Il semble que cette information soit mensongère et purement malveillante.

Elle rêvait d'un domaine pour elle seule, elle l'a eu

Marie-Antoinette passait volontiers ses après-midi « dans sa maison de Trianon », accompagnée de deux ou trois dames d'honneur, pas davantage. Elle y soupait quelquefois, mais aucun aménagement n'était prêt pour lui permettre d'y passer la nuit, aussi rentrait-elle dormir au château. Si, à dix-huit ans, elle voulait s'affranchir des pressions de l'étiquette, elle avait réussi à obtenir ce qu'elle voulait : son domaine et la liberté d'agir à sa guise.

Dès le 2 juillet 1774 – les gazettes l'attestent –, la reine veut faire établir un jardin anglais à Trianon. Notons que Louis XV est mort le 10 mai.

Le 26 juillet, Gabriel dresse un plan pour agrandir le jardin existant, et la décision est prise de supprimer le Jardin botanique.

La reine convoque Antoine Richard et lui demande un plan d'urgence. Antoine Richard, rappelons-le, était jardinier botaniste adjoint de Trianon aux côtés de son père, et il avait visité l'Angleterre à l'époque où les jardins dits chinois faisaient fureur. Il semblait donc l'homme de la situation.

La reine veut un jardin pittoresque ou « paysager ».

Richard se met à l'ouvrage. Comment procéder? Profiter du site et essayer d'en faire apparaître toutes les beautés en camouflant les défauts ? Ou installer dans un lieu donné tout ce qu'on peut trouver dans la nature : montagne, rivière, cascade, île, lac, etc. ? Croyant bien faire, il fournit à la reine un plan dans le style anglo-chinois où il imagine de loger un théâtre de verdure, un kiosque, un temple de Diane, une pagode, une volière chinoise, des bains à la turque, une vacherie, une bergerie, des poulaillers... Il envisage également deux rivières, une grande île et d'autres plus petites, des rochers, des cas-

Jeune hêtre pourpre dans le jardin du Hameau de la reine.

cades, des petits bosquets disséminés un peu partout. Tout cela est un peu convenu, les chemins en zigzag sont malcommodes. Il a surtout voulu conserver les serres bâties par Louis XV et maintenir en place les arbres les plus précieux – n'oublions pas qu'il a commencé sa carrière comme explorateur botaniste et qu'il a rapporté d'Espagne, du Portugal, d'Afrique, des trésors. Bon nombre des essences nouvelles plantées à Trianon proviennent de ses expéditions : les saules de Babylone, les tulipiers, les arbres de Judée, les bouleaux du Canada, les micocouliers... Il ne se résout pas à les abandonner.

La reine est déçue, elle veut un jardin à la mode, celui que Richard propose ne la satisfait pas. Elle lui demande de revoir sa copie.

C'est alors que la princesse de Beauvau lui vante le jardin d'un amateur, le comte de Caraman. Elle se rend sur place, rue Saint-Dominique, pour voir ce fameux jardin, et, sur la suggestion de Caraman, elle accepte que celui-ci lui soumette un plan pour son jardin de Trianon.

Obsédée par l'idée d'aller vite, elle va également chez Claude-Henri Watelet, peintre et poète, qui revendique un rôle de créateur et de dessinateur. La reine n'est pas séduite.

Finalement, elle accepte le plan du comte de Caraman. Il s'agit d'un schéma d'une grande simplicité : une rivière ceinturant l'espace depuis le point le plus élevé, de vastes pelouses ornées de fleurs jusque sous les fenêtres du château, trois bosquets disposés de manière à offrir des points de vue différents. Ce n'était plus un fouillis de végétaux mais une véritable perspective ouvrant sur un paysage.

Richard supporte mal la concurrence et la désinvolture à son égard de ce grand seigneur, jardinier amateur dont le projet – une montagne et un lac au milieu des potagers de son père ! – le remplit d'indignation. Par surcroît, profitant de la situation, Belleville, son ennemi de toujours, revient à la charge, considérant que les travaux du Petit Trianon sont de son ressort et non du sien. Ulcéré, Richard offre sa démission.

Finalement, grâce à l'intervention du comte de Noailles, son protecteur, Richard obtient qu'à partir du 1er janvier 1775 la direction des jardins du Petit Trianon lui soit confiée en exclusivité, à condition d'accepter que des ordres lui soient donnés par Caraman et par Mique. Il accepte.

On se doit de constater qu'il manqua singulièrement de courage car il souscrivit l'engagement suivant : « Je n'ai présenté mon plan à la reine que parce que Sa Majesté me l'a demandé et ordonné ; mais dès que la reine aura jugé à propos d'en adopter un et de le signer de sa main, je serai soumis à tous les ordres qui me seront donnés par M. le comte de Caraman et par M. Mique, et les exécuterai fidèlement et promptement. »

Gabriel a souhaité prendre sa retraite, c'est l'architecte Richard Mique qui lui succède et prend la direction des travaux avec les fonctions d'intendant et contrôleur général des Bâtiments de la Reine – seulement de la reine. Il est ainsi sous les ordres de Turgot et du comte d'Angiviller.

Mique est un provincial : Nancéien, il ne connaît pas les personnages clés du royaume. Il aura beaucoup de difficultés à obtenir que des sommes importantes soient débloquées pour satisfaire les caprices botaniques de Marie-Antoinette.

Entre la fin de l'année 1774 et 1777, on ne cesse d'aménager, par petits bouts seulement, le jardin anglais dont rêve la reine. L'argent manque. Le roi a chargé le comte d'Angiviller de rétablir un ordre rigoureux dans le service des Bâtiments et des Jardins. Il refuse toutes les dépenses s'il n'obtient pas des devis précis. Or les propositions chiffrées de Caraman ou de Mique sont toutes approximatives. Sans devis complet, pas d'argent.

La reine ne peut lutter ni contre la Nature ni contre la manque d'argent

La reine ne veut pas intervenir directement auprès du roi – pas tout de suite, pas frontalement, dans un premier temps. Elle préfère intriguer, mais ses manœuvres n'aboutissent pas. Elle se résout à implorer le roi. Louis XVI ne peut rien refuser à sa jeune épouse. Elle obtient la disgrâce du ministère Turgot-Malesherbes et 100 000 livres d'avance. Dès le 22 août 1775, les travaux reprennent. On installe la rivière en face du château, on plante un petit bois, le bosquet Vert, mais jusqu'à la fin de 1776, on ne touche ni au potager ni aux serres sur les terrasses. Pour gagner du temps, on transfère les collections botaniques au Jardin des plantes de Paris, mais en revanche on détruit la grande serre – un véritable désastre !

Entre Richard Mique et Antoine Richard, victimes, l'un et l'autre, des difficultés auxquelles les confrontent les exigences de Marie-Antoinette, s'établit une sorte de solidarité, au point qu'ils parviendront enfin, en 1776, à écarter définitivement le comte de Caraman.

Marie-Antoinette se promène souvent dans les jardins, elle s'intéresse à l'avancement des travaux, mais surtout s'impatiente lorsque les résultats tardent. Il faut planter des arbres, des arbustes, des fleurs. On reçoit des pépinières du roi, de Paris et des environs, quantité de plantes. En 1776, on livre à Trianon 250 troènes, 18 peupliers d'Italie de 24 pieds, 30 lilas, 36 marronniers, des érables, des cerisiers à fleurs doubles...

La même année 1776, la reine s'offre une nouvelle fantaisie, car la mode n'est pas seulement aux jardins chinois mais aux fêtes chinoises. Bref, toutes les chinoiseries sont bonnes pour se divertir.

En visitant le jardin du duc de Chartres, à Monceau, elle avait vu un jeu de Bague chinois. Elle expédie Mique sur place pour copier ce nouveau jeu dont une réplique est rapidement installée à Trianon, à l'ouest de la terrasse du château. On creusa une fosse destinée à cacher le mécanisme du manège, et surtout les hommes chargés de le mouvoir ; sur le sol, une plate-forme pivotait autour d'un mât couronné par un immense parasol. Ce mât était soutenu par un groupe de trois Chinois qui camouflait les ferrures et assurait la solidité de la construction. Au sommet du parasol tournait une girouette ornée de deux dragons dorés. On prenait place sur la plate-forme pivotante, équipée de quatre sièges en forme de dragons à cornes de cuir pour les hommes, alternant avec quatre autres sièges en forme de paons pour les femmes. Quand le mécanisme était en mouvement, des chapeaux chinois faisaient entendre leurs clochettes, les bagues sortaient d'un carquois autour de la plate-forme, et le jeu consistait à introduire une baguette, longue tige métallique, dans les anneaux ou bagues.

Treillage du Jardin français.

En 1783, le jeu de Bague sera refait à neuf. Mais Marie-Antoinette se fatiguera très vite de ce jeu. Il sera vendu en 1794, et ses fondations seront comblées.

Le comte d'Angiviller essaie de résister aux exigences de la reine, mais elle œuvre dans l'ombre, elle contrôle et impose en sous-main la réorganisation de la direction des Bâtiments. Elle entend être chez elle à Trianon, souveraine indépendante dans son petit domaine. N'oublions pas que le personnel de la reine porte la livrée à ses couleurs, différentes de celles du roi. Elle nomme, donne des

Vue prise de
la colline
du Belvédère.

titres à son monde, mais oublie qu'il est nécessaire d'avoir un budget quand on veut une administration spéciale et indépendante.

De quelle habileté a-t-elle fait preuve pour qu'Angiviller se transforme en courtisan docile ? Constatons que le 26 février 1777 le nouveau plan de Mique est terminé, approuvé par la reine. Ordre est donné d'établir des maquettes détaillées avant d'entamer les travaux. Ceux-ci sont entrepris alors qu'une différence de 200 000 livres apparaît entre la première ébauche et le devis définitif. Il faut en référer à Necker qui, sans grand empressement, signe le 10 juin.

Le principe du jardin est simple, il s'inspire à la fois des travaux de Richard et de Caraman.

Il s'agit d'installer un grand rocher et de faire partir de la montagne une source dont l'eau ira se jeter dans un petit lac derrière le rocher. Les fissures du rocher laisseront s'échapper en bouillonnant une cascade qui formera un grand lac. Ce lac donnera naissance à une rivière dont le lit sera barré par des quartiers de roches, occasionnant des chutes d'eau. La rivière étendra ses deux bras en dessinant une presqu'île. D'un côté, une allée bordée d'arbres de Judée ; en face, des bosquets.

On prévoit également des fabriques : un temple circulaire placé sur la grande île, un ermitage avec sa cloche, un salon hydraulique, un cabinet de treillage, un parc à moutons à la chinoise, des bancs chinois, des canapés turcs en pierre, une ruine installée sur le rocher, un belvédère sur la montagne près du rocher.

Marie-Antoinette est d'accord pour le belvédère, mais elle refuse les autres aménagements qu'on lui propose – elle les trouve démodés, obsolètes.

Le devis est arrêté, les maquettes sont exposées devant la Cour. Les courtisans, bien entendu, se montrent favorables aux projets de la souveraine. Et petit à petit, les travaux avancent. On aménage un paysage prétendument montagnard en plantant des sapins, des peupliers, des marronniers. On fait rentrer 150 saules prélevés dans une prairie avoisinante pour être replantés le long des berges de la rivière. Pour que ce jardin soit complètement anglais, on fait venir des arbres d'outre-Manche. La reine y tient. On dresse donc en mars 1777 une liste des arbres et arbrisseaux qu'il faut faire venir d'urgence : des rhododendrons, divers chênes, 25 magnolias, des lauriers, des houx panachés, des genévriers, des cèdres, des pins, des arbousiers et des érables toujours verts.

Alors que la montagne n'est pas encore construite et le lac pas encore creusé, Marie-Antoinette décide d'inaugurer ses jardins, le 3 septembre 1777, par une gigantesque fête. Le roi refuse d'y assister parce que les budgets ont explosé, mais comme toujours il cédera à sa jeune épouse et se montrera ravi.

On installe des échoppes de charcuterie, de boulangerie, on fait venir de vrais commerçants parisiens qui sont largement indemnisés. Les dames de la Cour jouent à la marchande, la reine se fait limonadière. La fête dure une partie de la nuit, les jardins sont éclairés par 2 600 lanternes et bougies. Les réjouissances auraient coûté 400 000 livres – une fortune ! –, déchaînant la colère de M. de Necker, directeur du Trésor royal, qui ne parvient pas à contrôler les dépenses.

Au début de l'année 1778, on prélève à la pépinière Saint-Antoine, à Versailles, des buis, sycomores, ormes et marronniers. La pépinière de Bailly fournira cognassiers, peupliers suisses, pruniers buissons et cerisiers anglais.

On recommande aux jardiniers « que tous les arbres et arbustes soient levés avec toutes leurs racines et puissent conserver un peu de mottes ». Les leçons ont été bien apprises, on commence à planter sans prendre trop de risques de dépérissement à venir.

Ces commandes, nous en avons trace, mais elles n'indiquent pas les quantités. Simplement, ordre est donné d'en prélever un maximum.

La reine s'entiche des fabriques, probablement influencée par Watelet.

Claude-Henri Watelet était un financier célèbre et un conseiller du roi. Comme il avait hérité de son père la charge d'inspecteur général des Finances pour l'Orléanais, il passait son temps à développer sa propre fortune, à peindre et graver. Il écrivait notamment sur les jardins et, en 1774, son *Essai sur les jardins* décrivait avec précision l'organisation de son domaine de Moulin-Joly, près de Colombes, où il avait installé un pavillon, un moulin, trois ponts (un chinois, un hollandais et un pont de bateaux). C'est à lui que l'on doit le terme de « fabrique ». Il désigne des petits édifices décoratifs érigés essentiellement dans les jardins pour ménager des surprises, inciter à la réflexion philosophique ou symbolique, ou tout simplement faire halte durant la promenade, se reposer, profiter d'un point de vue ou s'abriter lors des intempéries. Quelquefois l'espace intérieur de ces fabriques était aménagé.

Les fabriques sont à la mode alors on en construit

Dans les fabriques, on inclut également des ruines spécialement construites pour apporter un élément décoratif dans un jardin ; le peintre Hubert Robert fut le grand spécialiste de ces ruines.

Les fabriques se présentent sous toutes sortes de formes : la tonnelle en treillage ; le belvédère, construit en surélévation pour ménager un panorama sur le jardin ou le paysage environnant (l'un des plus célèbres est au Jardin des plantes, à Paris) ; le kiosque, d'origine turque, à musique par exemple, avec une estrade ; le portique et la pergola ; les fausses ruines ou autres constructions anciennes (temple antique, vieille tour, chapelle) volontairement laissées à l'abandon ; les rochers artificiels, constitués de pierres taillées ou d'ouvrages maçonnés en ciment, béton ou scories, formant une composition architecturale complexe ; les grottes fabriquées de toutes pièces, pouvant accueillir un logis, avec mobilier et décor spécifiques ; les cabanes, plus simples, voire rustiques, en pierres sèches ou matériaux imités, très souvent enduites de chaux, œuvres des architectes de jardin ; les rotondes, de loin les plus connues, tels les temples, de préférence antiques, mais dont maçonnerie et charpente pouvaient se permettre quelque fantaisie quand ils étaient dédiés à une divinité de la mythologie gréco-romaine ou à des symboles ; les pagodes, les mosquées ; les tours, occasionnellement carrées ; les tentes de jardin…

Après qu'on eut creusé une rivière au pied du Petit Trianon et installé la grande île, on éleva le Temple de l'Amour. Au mois de juillet 1778, les échafaudages enlevés, on put admirer cet édifice formé de douze colonnes corinthiennes supportant une coupole en pierre de Conflans. Le pavement est en marbre blanc veiné à compartiments bordés de rouge. Dans les entrecolonnements sont encastrés des bandes de marbre de Flandre. Le centre de la coupole est orné d'un trophée de six pieds de diamètre, encadré d'un tors de fleurs et composé des attributs de l'Amour : couronne de roses, carquois, brandons, flèches liées de rubans et enlacées de roses et de feuilles d'olivier.

Le Temple de l'Amour pendant sa restauration.

On pensa d'abord placer au milieu de cette rotonde un Amour dont le sculpteur Deschamps soumit à la reine une ébauche en cire blanche. Mais quand la construction fut terminée, on opta (mesure d'économie, sans doute) pour une statue de Bouchardon exécutée une trentaine d'années auparavant (1746) : *L'Amour adolescent se taillant un arc dans la massue d'Hercule*. Autour du Temple, on planta sur la pelouse des pommiers paradis dont les fruits sont médiocres, mais leur floraison est précoce, abondante, et leur qualité de porte-greffe présente quelque intérêt ; ainsi que des rosiers arbustifs « pelote-de-neige » très florifères dont malheureusement aucun obtenteur n'a réussi à retrouver la trace aujourd'hui : les fleurs simples, rose pâle, presque blanches, s'envolaient sous l'effet du vent et donnaient une impression de neige. Les ponts jetés sur la rivière furent garnis de caisses de fleurs.

La reine veut un théâtre pour jouer la comédie

Nous l'avons vu, la reine a une passion : le théâtre. Elle a sa loge au théâtre Montansier à Versailles, mais aussi à Marly, à Choisy. Il y a des scènes à Fontainebleau, à Compiègne, trois successives à Trianon. Les théâtres ambulants font florès : on en compte neuf qui exercent dans les appartements. Marie-Antoinette fait construire un théâtre portatif pour les spectacles en plein air dans ses jardins. Tout cela est insuffisant, elle veut un vrai théâtre en dur, muni de tout l'appareil nécessaire.

Prémonition, sans doute : Mique avait pressenti la demande et secrètement élaboré des plans pour un théâtre dès 1777. Un an plus tard, en 1778, dès que le vœu de la reine est émis, les plans lui sont soumis et immédiatement acceptés.

Coincé entre la Nouvelle Ménagerie et les buttes du Belvédère, le Théâtre de la reine, véritable joyau, possède tout d'une grande scène : un parterre, des loges, une fosse d'orchestre et un foyer. La reine y accède depuis le château par une galerie treillagée.

Le Théâtre s'est construit rapidement, sans luxe ostentatoire. Les dépouilles de lion, symbole du roi Louis XVI, supportent les galeries de l'étage supérieur, mais les ornements sculptés sont en carton-pâte recouvert de feuilles d'or, et les deux magnifiques torchères qui encadrent la scène sont en plâtre.

La reine veut jouer la comédie et, dès le 1er août 1779, a lieu la première représentation à laquelle elle participe devant le roi et un nombre restreint de spectateurs. Pour assouvir sa nouvelle passion et éviter les va-et-vient incessants entre Versailles et le Petit Trianon, elle vient s'installer dans « sa maison » pour des séjours de plus en plus longs. Il devient donc nécessaire d'agrandir les communs du Petit Trianon. Mique établit les plans, surveille les travaux, mais surtout met la dernière main à la décoration du Jardin anglais.

Une Grotte secrète, pour quoi faire ?

En 1779, on entreprend la mise en place d'un Rocher artificiel. La construction se révèle laborieuse. La reine n'était jamais satisfaite ; il ne fallut pas moins de quatorze modèles en relief pour arriver à la contenter. Toute l'année 1781 passa à la fabrication des modèles réduits. En 1782, après bien des remaniements, il fut enfin achevé.

Dans le volume du Rocher, on aménage la Grotte. Sitôt passé l'Orangerie, on découvre un chemin au milieu de grosses roches qui conduit à un ravin caché dans les

L'entrée
de la Grotte.

arbres. Si on descend ce ravin très pentu, on se trouve dans un autre ravin où tombent en cascade les eaux d'une source formant un petit ruisseau qui va se jeter dans le lac. On accède à la Grotte par deux entrées masquées par des écrans végétaux. L'entrée basse est de plain-pied, et un escalier intérieur conduit à une autre issue.

Selon le comte d'Hézecques, cette grotte « était si obscure que les yeux d'abord éblouis, avaient besoin d'un certain temps pour découvrir les objets. Elle était toute tapissée de mousse et rafraîchie par des cours d'eau qui la traversaient. Un lit, également en mousse, invitait au repos, mais, soit par l'effet du hasard, soit par une disposition volontaire de l'architecte, une crevasse qui s'ouvrait à la tête du lit laissait apercevoir toute la prairie et permettait de découvrir au loin ceux qui auraient voulu s'approcher de ce réduit mystérieux, tandis qu'un escalier conduisait au sommet de la grotte ».

À lire la description, tout est dit sur la volonté de Marie-Antoinette de posséder un lieu d'une discrétion absolue, d'autant que les deux accès à la Grotte étaient fermés par des portes à barreaux dont elle seule la possédait la clef.

Au milieu du Jardin anglais, le Belvédère est installé sur une petite colline où l'on traça des chemins contournés pour aboutir à une terrasse : cet ouvrage fut appelé la montagne de l'Escargot.

La construction du Belvédère, commencée en 1778, donna lieu à de nombreux essais (pas moins de cinq modèles) et fut achevée au cours de l'été 1781.

C'est un pavillon octogonal élevé sur un socle de pierre. Des balustrades couronnent l'édifice dont le toit a la forme d'un dôme, et garnissent le bas des fenêtres.

Quatre portes et quatre fenêtres alternées sont ouvertes dans les huit pans de murs. Au-dessus de chaque fenêtre, un bas-relief, et au-dessus des portes un fronton. Les sujets des frontons sont une chasse au canard, un faisceau d'instruments de jardinage, une couronne de roses entourée de feuilles de chêne et de laurier, et un trophée de gibiers. Les bas-reliefs représentent les allégories des quatre saisons. Pour ces derniers, il n'y a pas eu de tâtonnements, ils sont acceptés d'emblée. L'intérieur est luxueux : un somptueux carrelage de marbre bleu, blanc et rouge, des murs décorés par Leriche, et, sous la coupole, des Amours peints par Lagrenée.

Des fenêtres du Belvédère, la reine pouvait embrasser d'un coup d'œil son domaine jusqu'aux prés de la campagne alentour ; de subtiles perspectives laissaient apercevoir le Temple de l'Amour et quelques fenêtres du château distant seulement de 300 mètres.

Comme au Temple de l'Amour, les pelouses autour du pavillon furent plantés de rosiers pelote-de-neige, de pommiers paradis et d'arbustes odoriférants. Et comme au Moulin Joly de Watelet, les ponts d'accès étaient garnis de caisses de fleurs. La reine aimait particulièrement le Belvédère, elle venait y prendre un petit déjeuner très tôt le matin, ou quelquefois une collation.

« On ne peut rien imaginer de plus coquet, de plus gracieux de plus frais que ce salon du Belvédère », disait-on à l'époque ; et le prince de Ligne écrit : « On se croit à cent lieues de la Cour. La vue des environs de ce joli jardin est si bien ménagée qu'on dirait qu'ils s'y tiennent et qu'il est dix fois plus grand qu'il n'est. »

À l'origine, les devis d'architecte sur le projet du Belvédère étaient estimés à 25 900 livres, 17 sous et 4 deniers. Après l'exécution des travaux, tous comptes faits, le Belvédère aura coûté 64 900, sous et 8 deniers. Finalement, rien n'a changé : au XVIIe, au XVIIIe ou au XXIe siècle, entre les projets et l'exécution, les écarts sont sensiblement les mêmes.

On construit en dur – le Théâtre –, en toc – les fabriques –, et on poursuit les plantations. D'octobre 1779 à mars 1780, des milliers d'arbres et arbustes sont mis en place dans le Jardin de la reine à Trianon : 900 épines blanches, 600 rosiers de différentes espèces, 100 platanes, 250 lilas de Perse, des ormes, des mûriers, 200 chèvrefeuilles, des jasmins. On trouve quelquefois dans les inventaires des noms curieux comme « Nez coupé » (il en aurait été planté 150), en fait il s'agissait de faux pistachier. Des platanes, des marronniers, des érables sont plantés et maintenus en buissons.

Adieu sans regret au Jardin botanique

En juillet 1782, Antoine Richard devient seul patron des jardins de Trianon, son père Claude ayant pris sa retraite. Il demande que de nouvelles serres soient construites autour du bassin du Trèfle. La reine ne veut pas voir poursuivre les expériences botaniques de son beau-père, les parterres botaniques de Bernard de Jussieu et la culture des plantes d'ornement, mais elle accède à la demande de son jardinier en chef.

Elle n'aime que les fleurs : on produit donc des fleurs, aussi bien des arbustes à fleurs que des arbres à fruits florifères. En 1783, on dénombre dans les nouvelles serres 2 350 arbustes à fleurs, 8 000 pots et un nombre considérable d'arbres à fruits (pas moins de 370 pêchers !).

Curieux et spécialistes demandent à visiter ces nouvelles collections, remarquables et sans précédent.

La mode est aux tulipes, aux iris de Perse et aux jacinthes. Surtout les jacinthes, qui semblent être une découverte ; on les regroupait sur des planches très distinctes et par couleur. Rouges, blanches, bleues, jaunes porcelaine et agate, 110 variétés portant des noms qu'on retrouve encore quelquefois encore aujourd'hui dans les catalogues d'horticulture : la Belle Galatée, la Bergère, la Chartreuse, le Grand Vizir, la Rose Sublime, le Bacha de Bulgarie, le Grand Moghol, Absalon, Prospérine, le Passe-Joab, la Grande Terrestre, le Mont Vésuve, le Gouverneur Général, le Commis des Finances.

Les orangers sont également à l'honneur à Trianon. La récolte des fleurs d'oranger était considérable : 20 à 30 livres les mauvaises années, 30 à 60 livres les années moyennes, 60 à 100 livres les bonnes années ! La reine en faisait des cadeaux, au roi d'abord, à ses tantes, à la surintendante de sa Maison, aux dames d'honneur, aux femmes de chambre, au directeur général des Bâtiments, aux fonctionnaires du service…

En 1786, Antoine Richard obtient l'autorisation de construire une nouvelle serre adossée à sa maison, face à l'Orangerie du Petit Trianon, dans le jardin de Jussieu. Il la garnit de myrtes, grenadiers, géraniums, chèvrefeuilles, jasmins d'Espagne et d'Arabie, tubéreuses, narcisses, œillets d'Espagne, juliennes, mignardises, campanules, basilics, amarantes, giroflées, quarantaines. On donne à nouveau des ordres aux voyageurs pour qu'ils rapportent ou expédient des végétaux exotiques.

Des arbres fruitiers sont plantés à la demande de la reine, des cerisiers surtout. Près de l'Orangerie, on installe un grand carré de cerisiers qui sont couverts de filets pendant la saison des fruits pour empêcher que les oiseaux ne les mangent.

Les transformations botaniques de Trianon sont diversement appréciées. Les thuriféraires de Marie-Antoinette citent toujours le prince de Ligne qui, dans son *Coup d'œil sur Belœil*, ne tarit pas d'éloges – il avait intérêt à ne pas cracher dans la soupe puisque Marie-Antoinette l'avait consulté pour les jardins. Toutefois, il est bon de rappeler que dans le même ouvrage paru en 1781, alors que les jardins de Trianon étaient loin d'être terminés, il écrivait : « Il ne faut que tirer parti de ce que l'on a, soit en détails précieux et élégants si l'on y destine une partie de son jardin, soit en détails pittoresques si on embrasse un grand terrain. » On ne peut pas dire que ces directives aient été suivies à Trianon.

1781 :toutes les folies ont été faites, on en profite

1781 semble être une année charnière à Trianon ; les très gros travaux sont pratiquement finis : les problèmes liés à la Grotte sont réglés, la montagne de l'Escargot est terminée, le Temple également, le Belvédère est au stade des finitions. On fignole encore, l'eau de la rivière ne coule pas assez vite, elle n'est pas assez bruyante – on fait des travaux pour amener davantage d'eau. On remplit la rivière de poissons, carpes, tanches, perches, car la reine aime se livrer aux plaisirs de la pêche. On installe des bateaux sur le lac au pied du Belvédère, des gondoles sous le pavillon de la reine, rayé de bleu et de blanc. Tout est à la joie.

Vue du Hameau de la reine depuis la tour de Marlborough.

La reine s'installe au Petit Trianon pour des séjours plus longs. On peut commencer à organiser des fêtes. Fêtes d'une somptuosité extraordinaire, qui lui sont reprochées.

Les jardins servent de décor aux soirées féeriques données en l'honneur de souverains étrangers en visite à Versailles. Le rituel est immuable : après avoir assisté à une représentation au théâtre, les invités parcourent les allées du jardin illuminé. Pour éclairer toutes les fabriques, on brûle des milliers de fagots de bois, et pour éclairer les arbres et les arbustes, on dissimule des terrines enflammées.

En 1781, alors qu'elle accueille son frère, le comte de Falkenstein, futur Joseph II, on brûle 3 000 fagots dans la nuit. L'année suivante, lorsque le comte du Nord (nom d'emprunt du tsarévitch) se rend à Versailles, c'est 4 925 fagots qui se consumeront. La plus belle fête est donnée le 21 juin 1784 en l'honneur du roi de Suède qui voyage incognito sous le nom de comte de Haga. La réception dure jusqu'à 4 heures du matin, et on illumine le Temple de l'Amour en brûlant 6 400 fagots dans le saut-de-loup, juste derrière l'édifice. Marie-Antoinette tient absolument à ce que le Temple de l'Amour soit mis en valeur et on ne regarde pas à la dépense.

Certes, le peuple gronde un peu : détruire les forêts pour fabriquer des fagots destinés à illuminer les jardins est mal perçu, mais on explique que cela ne coûte pas si cher que ça, on discute sur le nombre de fagots utilisés. Bref, la routine, pourrait-on dire.

On participe aux fêtes sur invitation, et Bonnefoy Duplan, le concierge, est chargé du contrôle. Toutefois, on réussit à franchir les grilles, à se dissimuler dans les bosquets : on a dénombré jusqu'à 600 visiteurs alors qu'en réalité seules 200 invitations avaient été lancées. Le cardinal de Rohan après avoir corrompu le concierge se fera remarquer caché dans un bosquet. Il avait oublié de dissimuler sous sa redingote les bas rouges liés à sa fonction.

Trianon pour la reine était un refuge, le lieu où elle pouvait se libérer des contraintes de la Cour et du protocole. Elle y avait institué son règlement « Par ordre de la reine » ; un règlement absolu, personne ne devait pouvoir la voir ou la déranger. Les suisses qui gardent les portes de Trianon ont reçu des consignes strictes. N'entre pas qui veut. Le concierge Bonnefoy Duplan est à ses ordres, il est un intendant, les ordres de la reine passent par lui.

Marie-Antoinette tient de son beau-père le désir de ne pas être vue. Ainsi autour du jeu de Bague, elle exige, en 1781, la création d'une galerie en treillage. On installe des bancs qui permettent aux invités d'assister aux jeux, confortablement installés. La même année, et toujours dans un souci de discrétion, on creuse un souterrain qui permet à la reine de se rendre directement du Petit Trianon à son manège pourtant proche.

Le 22 octobre 1781, la reine accouche du dauphin Louis-Joseph (son premier fils, qui mourra en bas âge). Pendant une année, on est dans une période de calme, on s'occupe des affaires familiales (il faut changer de gouvernante), le jardin passe au second plan : les travaux sont achevés, on peut profiter de tous les aménagements qui ont été réalisés depuis les trois ou quatre dernières années.

Malheureusement la reine n'est pas dans cet état d'esprit : elle aime le changement, elle veut de l'amusement. De plus, les jardins en trompe l'œil commencent à se démoder, on se lasse des fabriques avec colonnes, rotondes, fausses ruines, statuaire mythologique, marbres. La tendance est au rustique.

Un Hameau pour jouer à la fermière

C'est alors que la souveraine apprend que le prince de Condé s'est fait bâtir un hameau dans un coin de son parc, à Chantilly. Catastrophe pour le Trésor de la Maison de France, elle veut avoir un hameau à Trianon et demande à Mique d'étudier le projet. Et ce projet occupe Marie-Antoinette pendant tout l'hiver 1782–1783.

On a beaucoup raconté que le Hameau était une création du peintre Hubert Robert. Il semblerait que ce soit inexact car dans les comptes de construction son nom n'est pas cité, il n'a perçu aucuns honoraires, il ne figure dans aucun mémoire. C'est véritablement Richard Mique qui a dessiné les plans du Hameau.

Richard Mique dresse les plans en 1783 et fait réaliser des maquettes qu'il soumet à la reine. Il s'agit d'un projet de douze maisons (il n'en reste que dix) implantées autour d'un lac.

À partir de 1783 jusqu'à la fin de l'année 1787, on construit. Trianon est livré aux terrassiers, aux maçons, aux charpentiers. Le Hameau, c'est l'affaire du moment : on creuse le lac, on fait des fondations, le roi offre à la reine le bois des Onze Arpents pour agrandir son domaine. Tout l'été 1783, on construit deux groupes principaux de maisons, séparés par une rivière qui sortira du lac. Le premier : un moulin, un boudoir et un grand manoir qu'on appelle la Maison de la Reine, et, derrière, les bâtiments destinés au service.

Le second groupe est composé de cinq fabriques : des logements pour le garde et le jardinier, la grange, le poulailler et une tour avec une dépendance qui se présente sous la forme d'une laiterie et d'une pêcherie. Puis, beaucoup plus loin, près du bois des Onze Arpents, une ferme, relativement luxueuse.

En 1784, les maisons sont construites, et le lac creusé et mis en eau.

Ce lac est formé par deux sources jaillissant de grottes cachées sous les buissons et se réunissant en un cours d'eau qui descend le long d'un vallon, au milieu de pentes engazonnées. Du lac sort, à gauche, un bras de rivière et à droite, le ruisseau qui faisait tourner la roue du moulin. Comme à Versailles et à Trianon, il y a au Hameau des problèmes d'eau. L'eau est d'abord fournie par le bassin du Trèfle, mais ce bassin alimente déjà le Jardin anglais, le débit est insuffisant, il faut chercher ailleurs. On va à Chèvreloup. Pendant cinq ans, de 1784 à 1789, l'année du départ, on n'a jamais cessé de travailler à l'établissement de conduites souterraines, de canalisations permettant d'alimenter le Hameau.

Toc dehors, luxe dedans

On installa dans le lac 2 348 carpes et 26 brochets qu'on nourrissait de pain, et ce pain coûtait 950 livres par an. On pêchait à bord d'un bateau en bois, peint en gris, qui était amarré au pied de la tour.

La reine se flattait de la qualité de ses poissons qui avaient probablement un goût de vase prononcé ; mais les goûts de la souveraine doivent être partagés par son clan : courtisans et courtisanes n'avaient d'autre alternative à acquiescer et complimenter leur hôtesse.

On accédait au lac par deux chemins faits de telle sorte qu'à l'arrivée on découvrait un village, un village d'opérette certes, mais qui « fonctionnait » : les animaux paissaient sur les pelouses, s'abreuvaient sur les berges du lac, un berger faisait de la figuration, les fermières lavaient leur linge au lavoir, la laitière portait son lait au château, les jardiniers et les fermiers vaquaient à leurs occupations. On taillait les arbres, on labourait, on fauchait, on cultivait... Un taupier, un ratier et un fureteur étaient également rattachés à Petit Trianon.

Les maisons disposées sans aucune symétrie étaient des chaumières artificiellement vieillies par Tolède et Dardignac qui développent l'art du trompe-l'œil avec des murs en fausses vieilles briques, pierres effritées, crépi lézardé, peintures imitant le bois vermoulu et fissuré. Les toitures étaient couvertes de roseaux, comme toute maison normande qui se respecte, le faîte planté d'iris, les façades recouvertes de jasmin, chèvrefeuille et autres plantes grimpantes. Dans les petits jardins qui entouraient chaque maison poussaient des artichauts, des choux de Milan, des choux-fleurs, des haricots, des framboisiers, groseilliers et fraisiers (on sait qu'il en fut planté jusqu'à 800 touffes durant l'année 1784).

On est dans l'artifice, dans le jeu. Mais certains bâtiments, comme l'étable, la laiterie, le moulin, avaient véritablement leur fonction propre. La chute d'eau qui entraîne la roue du moulin permet à la meule de tourner ; à l'intérieur sont réunis tous les éléments nécessaires pour broyer le grain, et quand il y a des visiteurs, la meunière fait tourner le moulin et fabrique de la farine qui est transportée à la boulangerie voisine équipée d'un pétrin et d'un four.

La fermière royale aime le luxe

On joue la comédie pastorale pour tout ce qui est en plein air, alors qu'à l'intérieur des maisons les matériaux sont d'un luxe inouï : les vitres, par exemple, sont en verre de Bohême, les meubles sont signés Jacob ou Riesener. Mique se rappelle l'heureux temps du roi Stanislas et fait fabriquer à la manufacture de faïence de Saint-Clément 1 200 cache-pots qu'il dispose sur les balcons et les marches. Ces cache-pots au chiffre de la reine, en faïence blanche à motifs bleus, sont garnis au printemps de giroflées, jacinthes, géraniums. Ils furent brisés à la Révolution, mais le musée de Céramique de Sèvres en conserve précieusement un exemplaire.

On est dans l'esprit de Diderot, de Rousseau, certes, mais on conserve son rang d'aristocrate et on ne saurait se priver de luxe.

Le petit village est entièrement protégé de la vue des manants par une barrière végétale plantée le long du saut-de-loup sur plusieurs centaines de mètres. Ainsi, entre la porte cochère du Hameau et la porte Verte de Trianon, la reine était isolée du reste du parc mais disposait d'une large vue sur les environs.

Aucune église n'est prévue dans ce hameau. Richard Mique, s'il a dû subir les foudres royales, s'en est tiré en créant une perspective qui permet d'apercevoir le clocher de l'église Saint-Antoine-du-Buisson, petite chapelle annexe de la paroisse du Chesnay, village mitoyen du parc.

En 1783, on plante plus de 50 000 arbres et arbustes

L'hiver 1783, les travaux de terrassement sont terminés, les plantations reprennent. Antoine Richard plante au Hameau 48 621 arbres et arbustes prélevés à la pépinière de La Rochette à Melun. Quantité énorme !

On plante aussi des arbres fruitiers : 50 noyers, 100 cerisiers, 200 pruniers, 375 poiriers de plein air, 160 abricotiers, 75 pêchers.

Pour accentuer le caractère champêtre du Hameau, on cultive près de la ferme de l'orge, de l'avoine, de la luzerne, du lin, du trèfle. La reine peut voir ces plantations depuis sa chambre du Petit Trianon.

Les accès au Hameau de la reine sont limités. On y pénètre par une porte charretière qui franchit le saut-de-loup pratiquement au pied du Petit Trianon. À droite en entrant, un bosquet aménagé en 1780, le bois des Onze Arpents. Ce bois, traversé d'allées rectilignes et proche d'un herbage appelé le Bon Pré, est sujet à modifications. On projette d'y élever une ruine (influence d'Hubert Robert) et d'y placer une chaumière. Cette chaumière, La Solitude, devait, comme son nom l'indique, permettre à la reine de s'isoler davantage. Ce projet ne fut jamais réalisé. Les allées, toutefois, furent tracées suivant les principes paysagers de l'époque.

Le Hameau de l'inconscience et du trompe-l'œil

Ce bois des Onze Arpents, désormais bosquet de la Solitude, fut recréé à partir des documents du XVIIIe siècle. Il est, depuis le 22 octobre 2001, dédié à l'amitié franco-américaine. À cette occasion, chaque État d'Amérique a offert « son » arbre symbolique. Tous ces arbres ont été plantés. Seuls le kukki de Hawaii et le palmier de Floride, inaptes à supporter les températures hivernales, sont en bacs et rentrés dans l'Orangerie de Trianon dès le mois d'octobre.

Le Hameau est essentiellement un lieu de fête. La reine n'y dort jamais. La famille royale y vient rarement, elle n'y est apparue pour la première fois qu'au mois de juillet 1785. On y joue à l'escarpolette. Marie-Antoinette se promène dans les jardins en robe de coton, coiffée d'un chapeau de paille. Le peuple s'en offusque, sa tenue est jugée indécente pour une reine. Mais la simplicité a des limites, la souveraine est très entourée. Les domestiques et les dames de compagnie qui l'accompagnent lors de ses déplacements sont fort nombreux. On est loin de Versailles, le logement n'est pas facile. On construit donc des baraquements de bois pour y installer domestiques et valets. Ces installations précaires étaient démontées sitôt la reine absente et remontées discrètement près des Glacières, à l'emplacement actuel du vallon de Châteauneuf.

La Tour de Marlborough fut la première fabrique du Hameau, achevée dès 1784. Au rez-de-chaussée, une pêcherie qui fut détruite l'année suivante, en 1785, et remplacée par une laiterie.

C'est en fait une tour de guet qui se caractérise par des escaliers extérieurs imposants, plusieurs fois modifiés, et restaurés sous Louis-Philippe. Ces escaliers ont disparu durant la deuxième moitié du XIXe siècle. Depuis quelques années ils ont retrouvé leurs marches peintes façon bois vermoulu et ornées de reproductions des célèbres cache-pots de la faïencerie de Saint-Clément.

Le nom de cette fabrique aurait pour origine la complainte *Malbrough s'en va t'en guerre* composée en l'honneur du fameux général anglais mort en 1722. Beaumarchais l'avait rajeunie pour sa pièce *Le Mariage de Figaro,* et elle était aussitôt devenue un « tube » pour l'époque. Mme Poitrine, née Geneviève Barbier, nourrice du dauphin, la fredonnait en berçant le petit enfant. Tout-Versailles reprit la chanson.

La Ferme est située près du bois des Onze Arpents, à environ 150 mètres du Hameau proprement dit. Elle est composée d'un groupe de bâtiments qui comprenaient « le logement du bouvier, une serre aux fromages, plusieurs écuries distinctes pour le taureau, un superbe troupeau de vaches suisses, les moutons et les chèvres, un toit à porcs et une niche de lapins ». Marie-Antoinette avait des idées précises sur les ovins : le bouc devait être blanc et surtout

La tour de Marlborough.

gentil. Dans le colombier, on élevait de la volaille : « trois coqs dont un du Mans, 68 poules dont 9 du Mans, 16 du pays de Caux, des poules à pattes et bec jaunes, des poules pondeuses, des mères poules avec des poulets, des pigeons d'espèces rares. » On sacrifiait très rarement une des volailles de la basse-cour. Quand ce « grand malheur » arrivait, le menu précisait avec fierté « poule de la Reine ». Les volailles furent les premières victimes, on s'en doute, de la Révolution. La Ferme abritait alors un percheron qui permit au bouvier Valy Bussard de porter à Paris du lait et des fromages à la reine emprisonnée.

En 1786, on avait ajouté à la Ferme une grange. On l'avait aménagée en salle de bal, et le sol fut carrelé en juillet 1789. Napoléon envisagera de la restaurer, mais, le devis établi en 1806 apparaissant trop coûteux, la grange sera démolie. Très endommagée, la Ferme a été rebâtie en 1958, et c'est seulement en 2002 que la grange et l'abri aux cochons ont été reconstruits. Ses abords sont plantés d'une vigne inaugurée la même année et plantée de 1 852 ceps de cabernet franc et de merlot. Actuellement les travaux dans la maison du jardinier se terminent.

La Laiterie est une toute petite construction de moins de 40 mètres carrés au sol était à l'origine fournil de boulangerie, elle devint Laiterie de Préparation, en 1785. Dans les combles se trouvait un réservoir d'eau qui alimentait la Laiterie de Propreté et le réchauffoir qui permettait de faire le fromage.

Entièrement détruite en 1910, il ne reste rien de cette fabrique, sinon un muret symbolisant son emplacement et clôturant un jardinet où survit un vieux tilleul, certainement contemporain de la création du Hameau. En 1786, la Laiterie dite de Propreté n'était pas terminée, on y travaillait depuis 1784. La reine était très exigeante : sept projets de fontaine, modelés en cire, furent proposés pour l'ornementation des niches entre les fenêtres. Elle n'arrivait pas à se décider. C'est l'une des rares maisons couvertes de tuiles et non pas de chaume comme les autres. L'intérieur était élégant et richement décoré : murs et sol revêtus de marbre ; un filet d'eau traversait la pièce dans une rigole pour entretenir la fraîcheur ; quinze tables de marbre la garnissaient, et sur ces tables étaient disposées 78 pièces de porcelaine décorée : terrines à lait, plateaux à fromages, tasses et soucoupes, beurriers, assiettes à beurre, brocs, fabriqués à la manufacture de la Reine pour un coût de 6 372 livres. Il ne reste comme trace de ces fabrications qu'un seau en porcelaine dure, conservé au musée de Céramique de Sèvres. On a raconté que les bols avaient la forme d'un sein et que le sein de Marie-Antoinette aurai servi de modèle : on peut considérer qu'il s'agit de ragots.

La Laiterie fut restaurée en 1810, et sur la table de préparation en marbre on fit graver en 1811 le chiffre de Marie-Louise. Dans son jardin, quatre bustes dissimulent les canalisations. Une nouvelle restauration aura lieu en 1843.

La Grange est une construction aujourd'hui disparue, qui s'appelait la Ferme. Elle se composait d'un bâtiment principal et de deux plus petits. C'est dans ce bâtiment que logeait Bréval, jardinier trop souvent malade aux yeux de la reine, qui le congédia en 1784.

Quand M. Rockefeller fit restaurer le Hameau de la reine, on symbolisa approximativement l'emplacement de la Grange par un petit muret. On procédera de même pour chacun des bâtiments qui n'ont pas été reconstruits.

La Maison du garde était habitée par le garde suisse Jean Bersy. Cette chaumière était la seule à posséder une cave. En sous-sol se dissimule un souterrain qui permet de sortir directement de l'autre côté de l'allée des Rendez-Vous, en toute discrétion, sans passer par un poste de garde. Face à l'élégante construction, un jeu de boules fut installé en 1788.

Le Billard, à gauche, la Maison de la Reine, à droite, sont reliés par une galerie extérieure. Dans le Billard, appelé aussi pavillon du Seigneur, on trouve au rez-de-chaussée un billard et, à l'étage, où Richard Mique s'installa quelque temps, une bibliothèque.

On accède à la galerie par un escalier hélicoïdal (on évite à Versailles le terme d'escalier à révolution) où poussait en son centre un peuplier. De la galerie, on aperçoit la porte Saint-Antoine et son arc de triomphe érigé en 1787 et orné de la dépouille de lion, symbole du roi Louis XVI. Les piliers en bois de la galerie sont recouverts de chèvrefeuille, glycine, rosiers grimpants et bignones qui montent jusqu'au toit.

Des maisons de pauvres pour des fêtes de riches

La Maison de la Reine est la plus imposante du Hameau, avec une salle à manger de plain-pied, tendue de tissu vert, et un cabinet de jeu où l'on s'adonnait au trictrac. Cette pièce dont le parquet représente un échiquier géant servait également de fumoir. À l'étage, une antichambre en forme de cabinet chinois précède un salon magnifique à six croisées, aux murs tendus de tapisseries, équipée d'une belle cheminée en marbre blanc, et un petit salon, appelé salle des Nobles, où l'on pouvait s'isoler pour converser discrètement.

Les murs extérieurs semblent délabrés par endroits, la brique rouge apparaît sous l'enduit : c'est un effet de trompe-l'œil pour donner à la maison un charme à l'ancienne, une impression de « vécu ».

Pour célébrer la naissance de son second fils (futur Louis XVII), Marie-Antoinette planta un saule pleureur sur la pelouse qui sépare sa maison du lac.

Derrière ces deux bâtiments, entouré d'une ceinture d'arbustes touffus, se cachait le Réchauffoir, construit en 1783. Au sommet du faîtage était perché un petit pigeonnier. Dans le Réchauffoir étaient installés fournil, bûcher, garde-manger, lingerie, argenterie (que Marie-Antoinette, à la veille de la Révolution, donna spontanément ordre de fondre au profit de l'Arsenal), ainsi qu'une superbe cuisine, décorée de pierres de taille à joints réguliers. À côté, une maison pour les valets de pied. Les mets étaient préparés par les cuisiniers et remis directement au personnel en charge de la Bouche de la reine.

Le bâtiment fut restauré une première fois sous Napoléon, puis de nouveau sous Louis-Philippe. La toiture seule fut refaite en 1869, et l'ensemble restauré en 1910. Il faut attendre 2003 pour que des travaux importants soient entrepris et que le Réchauffoir retrouve l'apparence qu'il avait sous Marie-Antoinette.

Le Boudoir, appelé à l'origine Petite Maison de la reine, était le *buen retiro* de Marie-Antoinette. Une élégante chaumière en meulière, aux lambris de chêne de Hollande, aux vitres en verre de Bohême et à la façade tapissée de vigne vierge. On y accède par quelques marches. Cette petite maison était exclusivement réservée à la souveraine. Elle y tenait salon auprès d'une ravissante cheminée de marbre blanc.

Le Moulin possède un bel escalier en pierre et une roue à eau. Une meunière y vivait et on entreposait à l'étage les grains pour l'alimentation du bétail et des volatiles.

La conception du Moulin est remarquable, elle accentue par son aspect ce décor de théâtre qu'est le Hameau. La roue, à vocation décorative, est équipée depuis 1991 d'un mécanisme électrique qui remplace l'énergie hydraulique devenue précieuse.

Face au Moulin, sur la pelouse, un pin de Weymouth fut planté au moment de la création du Hameau. Il a vécu jusqu'en 2004 et il est prévu de le remplacer par un jeune sujet de la même essence.

La reine s'est fait recommander par lord Southampton un jardinier anglais, John Eggleton, « homme à talent capable de conduire en tout genre les gazons, ayant même quelque soupçon de goût pour la façon des jardins ». Son protecteur avait toutefois laissé entendre qu'il ne lui connaissait que le défaut d'un peu de libertinage. À l'épreuve, il se révéla qu'il était peu doué pour les gazons. Peu après son arrivée, il tomba malade, et la nature des médicaments qui lui furent ordonnés confirma sa réputation de libertinage. La reine le chassa en 1784 en lui octroyant une gratification de 600 livres.

Marie-Antoinette s'occupe de « ses gens » avec beaucoup d'intérêt : le garde suisse Jean Bersy, le garde-bosquets Vassart, Morel et Brunot, deux jardiniers dévoués, Samuel Hirsh, tueur de rats, Lecourt le taupier, Valy Bussard, le bouvier qui travaille à la Ferme, et Riaux, faucheur chargé de l'entretien des pelouses. Elle exige des gens dévoués et de bonne moralité – ce détail semble avoir une grande importance alors qu'il n'en est pas tout à fait de même à la Cour, si l'on s'en tient aux bruits et aux pamphlets qui circulent.

Il est difficile avec un recul de deux siècles de comprendre les raisons pour lesquelles Marie-Antoinette a fait démolir tout ce qu'avait fait son beau-père pour le refaire quelques années plus tard.

Isolée dans son Hameau, la reine n'entend pas gronder le peuple

En 1788, alors que ses détracteurs font feu de tout bois, que la menace des orages futurs se fait plus précise, la reine s'installe pour un mois environ (15 juillet-14 août) à Trianon. Elle fait tout de même quelques travaux, notamment un jeu de boules près de la rivière, couvert d'un grand berceau, et une nouvelle grange près de la Ferme.

En 1789, la colère du peuple parvient jusqu'à Trianon ; la reine peut entendre le personnel chanter des couplets révolutionnaires dans les jardins. Les fêtes sont évidemment suspendues.

Le 5 octobre 1789, alors que Marie-Antoinette se repose dans la Grotte, un « expres » envoyé par le roi la prie de bien vouloir regagner d'urgence le château de Versailles, les émeutiers sont à l'entrée de l'avenue de Paris. Ce jour-là, la souveraine quitte pour toujours son domaine. Cette date sert maintenant de référence aux architectes et aux jardiniers pour la restauration et l'entretien du Jardin anglais à l'identique de ce qu'a laissé la reine.

On peut regretter la frivolité et la légèreté du comportement de Marie-Antoinette, son peu de culture botanique, son insouciance. Reste un jardin, témoin d'un style botanique lié à une époque, qui n'est pas sans rappeler certains jardins publics que nous retrouvons dans les villes. Un jardin, somme toute, banal. Il est difficile de considérer le Hameau de Trianon autrement que jouet d'une très jeune femme capricieuse.

Le Jardin de la reine traverse la Révolution sans grand dommage, sa garde est confiée à Antoine Richard, qui obtient le titre de conservateur du Jardin et des Pépinières de Trianon. En 1792, un inventaire des arbres et arbustes des pépinières de Trianon est dressé : on y dénombre 7 602 sujets.

Après la mort de Louis XVI, le Petit Trianon est mis en vente ; le mobilier, réuni avec celui de Versailles, est dispersé dans une vente aux enchères le 25 août 1793.

Le terrain du Petit Trianon fut partagé en dix lots. Heureusement, Richard s'opposa au démantèlement, réussissant à convaincre la Convention qu'on ne devait pas disperser ces biens mais au contraire les faire entretenir par la République pour « servir aux jouissances du peuple et former des établissements utiles à l'agriculture et aux arts ». Il fut donc décidé de suspendre la vente. Effectivement, une partie du Hameau fut louée à un limonadier : on donnait des bals populaires dans les jardins illuminés par les artifices de Ruggieri ; André-Jacques Garnerin y organisait les premières ascensions aérostatiques.

Dans l'ensemble, sans être entretenue, la propriété ne s'est pas autant dégradée que certains textes parus à l'époque peuvent le laisser supposer. Des documents officiels nous assurent qu'Antoine Richard entreprit un travail considérable pour protéger tous les travaux qu'avait réalisés son père, il fit transporter au Muséum d'histoire naturelle les plantes précieuses. En revanche, les fleurs dites de curiosité, comme les tulipes, les jacinthes, les renoncules semi-doubles, ont disparu.

En 1797, on exploite une source qui partait du saut-de-loup derrière le Temple de l'Amour et qui jouit, paraît-il, d'une grande réputation. L'eau posséderait des vertus toniques et digestives.

Visiblement, on ne sait que faire de ces domaines. Plus d'argent dans les caisses, plus personne pour s'intéresser à ce luxe extravagant et à ces recherches botaniques.

Quand, avec l'Empire, le Petit Trianon reprit son rang de palais, Napoléon fit une première visite le 22 mars 1805, en compagnie de Joséphine. Dès cette date, il donna des ordres pour que les Trianon fussent restaurés. Le limonadier fut congédié avec une indemnité.

L'Empire se comporte plutôt bien avec les jardins puisqu'ils sont rétablis en 1806 dans les tracés de Mique. On retrouve ainsi les grandes allées qui avaient été rétrécies pour permettre aux fermiers de semer et de tirer plus grand profit de leur travail. Les petites allées avaient été semées également. Des élagages ont été ordonnés pour permettre aux arbres précieux de survivre.

L'Empereur sauve le domaine royal

L'Empereur avait donné des instructions pour que les anciens serviteurs de la royauté retrouvent leurs places dans les palais impériaux. Richard fut exclu de cette faveur. Le malheureux eut une fin misérable. Pour payer la construction du Jardin anglais et celle des jardins du Hameau, prendre en charge les travaux de terrassement et de fouilles de la rivière, avancer

Le Hameau de la reine.

les salaires des ouvriers, Richard avait emprunté des sommes considérables qui ne lui ont jamais été remboursées – ou alors très tardivement – malgré les réclamations qu'il a pu faire. Il mourut ruiné, le 28 janvier 1807, à l'âge de soixante-douze ans, laissant une veuve et trois enfants dans un état de dénuement absolu.

En 1810, Napoléon fait aménager ses appartements au Grand Trianon et offre le jardin à sa nouvelle épouse, Marie-Louise, petite-nièce de Marie-Antoinette.

Le Hameau est dans un état d'abandon dramatique. Napoléon ordonne que les fabriques soient restaurées, à l'exception de la Grange et de la Laiterie de Préparation qui ne sont plus que ruines et qu'il décide de faire abattre. On fait disparaître les jardinets. On construit pour l'Impératrice, en 1810, un nouveau manège blanc et gris, équipé de quatre fauteuils attelés à deux cygnes et à deux aigles, mû par deux hommes et couvert d'un parasol surmonté d'un dragon. Ce manège sera restauré sous Louis XVIII, en 1828, et retrouvera les dorures et les ors qui étaient certainement prévus mais ne furent pas réalisés pour des raisons budgétaires. Il disparaîtra en 1840. La fosse sera mise à jour lors des replantations du Jardin français en 1991.

Le 25 août 1811, une fête somptueuse est donnée, le jardin du Hameau retrouve ses fastes d'antan. En l'honneur de Marie-Louise, les allées sont illuminées, on joue au théâtre, on danse, le Hameau retrouve son atmosphère comme au temps de Marie-Antoinette. À cette occasion, on plante derrière le Moulin l'extraordinaire platane dit à pied d'éléphant, dont la germination remonte à 1795. Actuellement, il atteint 28 mètres de hauteur et sa circonférence à 1 mètre du sol est de 6,79 mètres.

Pendant l'exil de Napoléon à l'île d'Elbe, Louis XVIII devenu roi de France dîne au Petit Trianon, le 25 juin 1816 ; l'endroit lui paraît agréable – on peut le comprendre. Il reviendra en 1817.

Charles X succède à son frère et monte sur le trône en 1824. Lorsqu'il est chassé du pouvoir, il s'arrête à Trianon le 31 juillet 1830 et poursuit son chemin jusqu'à Rambouillet.

La chambre des Députés nomme Louis-Philippe roi des Français. Le monarque aime le Petit Trianon. Il fait restaurer les rochers, quelques maisons du Hameau ainsi que le lac de Trianon. Il suit de près le chantier du château et vient à Versailles régulièrement – 388 fois entre 1833 et 1847 – vérifier l'avancement des travaux.

Le 13 avril 1848, les ouvriers qui travaillent sur le chantier sont honorés. Un spectacle leur est offert dans le Théâtre de Marie-Antoinette au Petit Trianon.

Louis-Philippe sera le dernier monarque à s'intéresser vraiment au château et à ses jardins.

Louis-Philippe joue au fermier au Hameau

En 1865, on découvre près de l'arc de triomphe de la porte Saint-Antoine une nouvelle source. Elle devient vite populaire. Un petit édifice intitulé « Au bon coin » est construit pour la protéger. La pureté de l'eau rappelle celle du Temple de l'Amour.

Le parc perd malheureusement son statut de jardin botanique. Il devient un jardin de ville : les Versaillais viennent se promener à l'ombre des vieux arbres.

La République n'a pas les moyens d'entretenir le domaine de Versailles. Le parc se meurt. Heureusement, le XXe siècle sera celui du renouveau.

Des travaux considérables sont entrepris de 1925 à 1936, grâce à la générosité d'un mécène américain, John D. Rockefeller, alerté par la campagne de presse de *L'Illustration*, en 1924, qui dénonçait la grande misère de Versailles. Le Théâtre de la reine, le Hameau de Marie-Antoinette, le Grand Canal, les fontaines, quantité de statues seront sauvés de la ruine. Il faut attendre les années 1930 pour que le Petit Trianon reprenne vie.

Merci, messieurs Rockefeller et Malraux

Depuis 1990, une campagne de restauration est entreprise pour rendre au Hameau son aspect d'origine. Actuellement le Moulin est restauré en totalité, l'escalier de la Tour remis en place, et quelques fabriques détruites sont reconstruites suivant les plans de Richard Mique.

En 1962, André Malraux ordonne la restauration du Grand Trianon, et Charles de Gaulle y fait aménager des appartements présidentiels.

Le domaine revit. ■

Chapitre 5

Les arbres de Trianon

Les arbres de Trianon

Trianon fut pendant plus d'un siècle un haut lieu de la botanique. L'apogée de cette période est sans conteste le règne de Louis XV : c'est à cette époque que Trianon fut considéré dans toute l'Europe comme un jardin botanique. La période pendant laquelle Marie-Antoinette est intervenue à Trianon n'a pas démérité, même si la reine est responsable de la disparition des travaux de Jussieu, de Richard et de Louis XV.

Sous Louis XIV, Louis XV et Louis XVI, des milliers d'arbres et d'arbustes furent plantés, provenant des provinces françaises ou rapportés par les explorateurs et les navigateurs. Et de nombreuses espèces furent créées et multipliées dans les pépinières royales.

La Révolution et le peu d'intérêt manifesté par les successeurs – royaux ou républicains – de ces trois grands monarques ont fait perdre à Trianon son statut de jardin botanique dès le début du XIXe siècle.

Magnolia de l'Orangerie du Petit Trianon.

Outre l'absence de volonté d'entretenir ce patrimoine, associée à un manque évident de moyens financiers, il faut tenir compte de l'usure du temps, des accidents climatiques et du vieillissement de certains sujets. Cet ensemble de causes ont eu pour conséquence la disparition de la presque totalité des essences précieuses en provenance de contrées lointaines qui avaient été introduites à Versailles. Beaucoup d'entre elles, à la Révolution, ont été transférées au Muséum national d'histoire naturelle. Beaucoup d'autres ont été perdues.

Les arbres exotiques répertoriés le 11 mars 1956 sont tous morts

On peut constater le déclin arboricole du domaine de Versailles en s'intéressant aux différents inventaires réalisés sur place dès 1795.

Nous avons à notre disposition, en date du 6 germinal an V (26 février 1795), un inventaire descriptif des arbres étrangers porte-graines du jardin du Petit Trianon qui indique « les plantes d'origines lointaines ainsi que le remplacement et leur taille ».

Dans une édition datée de 1806, un état des lieux a été publié dans *Le Cicérone de Versailles ou l'Indicateur des curiosités et établissements de cette ville,* ouvrage d'Antoine-Nicolas Duchesne où l'on trouve la description de tous les arbres dignes d'intérêt établis au Petit Trianon. On note la présence d'un hêtre pourpre, d'un mélèze noir, d'un peuplier d'Athènes, d'un bouleau à canot, ou encore d'un acacia rose et d'un mûrier rouge de Virginie. Cet ouvrage a été réédité en 1823. Curieusement, en comparant les deux textes, on constate qu'aucune modification n'a été apportée dans la seconde édition ; on est en droit de s'étonner qu'en dix-sept années les arbres ne se soient pas développés. Selon la date de parution de l'ouvrage auquel se réfèrent les botanistes, on peut imaginer la quantité d'erreurs qui ont pu être commises…

L'inventaire le plus précieux – et probablement le plus fiable – a été rédigé en 1874 par un député passionné de botanique, le comte Jaubert. Il décrit, analyse, recense les plus beaux arbres de Trianon.

L'examen attentif des différents inventaires disponibles permet aux jardiniers et aux conservateurs en charge des jardins d'estimer l'âge des arbres et surtout de dater leur disparition. Force est de constater que de nombreux spécimens intéressants ont disparu.

Le 11 mars 1956, les arbres exotiques considérés comme les plus remarquables ont été inventoriés dans le *Bulletin de la société d'horticulture de Seine-et-Oise*. On y trouve décrits un *Zelkova crenata*, un *Picea morinda*, un *Pinus strobus,* ainsi que quelques autres espèces. Malheureusement, aucun de ces arbres n'a survécu.

Certains spécimens très rares, continuent de croître et de fleurir à Trianon.

Un chêne, pourtant doyen des arbres de Versailles, ne figure sur aucune liste. Il vit à quelques centaines de mètres de Grand Trianon, il est donc hors des limites du jardin champêtre qu'a exigé Marie-Antoinette. Il fut longtemps ignoré du public, et les jardiniers du domaine ne pouvaient soupçonner qu'il fût aussi âgé car il n'est indiqué sur aucun plan et aucun cartel ne le présente. Cet anonymat l'a préservé des dangers de la célébrité. Il faut savoir, en effet, que des fétichistes sont capables de casser des branches pour rapporter chez eux un bois imprégné du souvenir de Marie-Antoinette, et que des vandales piétinent bien souvent la terre autour de l'arbre – ce qui a pour conséquence de tasser le sol et, à terme, risque de provoquer la mort de la plante. Les botanistes nomment ce vieux chêne *Quercus robur*. Ce chêne des avant-cours de Trianon est né en 1668. Haut de 36 mètres avec un tronc de 5,24 mètres de circonférence, son anonymat lui a permis de se développer librement et d'être préservé de

Vieux chêne, doyen des arbres de Versailles.

tailles intempestives. L'arbre est magnifique, et son houppier protège du soleil les nombreux promeneurs qui profitent de son ombrage les jours de canicule.

Remontons la majestueuse allée de la Reine, bordée de jeunes hêtres, qui mène au parterre des Quatre Nymphes. En point de mire, un tulipier de Virginie, planté en 1805, dont nous ne connaissons pas exactement l'origine. On peut toutefois imaginer qu'il est issu des « enfants » obtenus à partir des graines de tulipier qu'avait rapportées d'Amérique le marquis de La Galissonnière, en 1732.

En revenant sur nos pas – toujours dans l'allée de la Reine, mais en sens inverse –, arrêtons-nous un moment près du pont qui enjambe le chemin creux en direction du Jardin français, devant un acacia à l'écorce fissurée et aux branches fortement élaguées. L'usage veut qu'on le nomme acacia, alors que cette appellation est réservée au mimosa. Le véritable nom de cet arbre est robinier faux-acacia. Les robiniers furent introduits en Europe en 1601. Ils se sont naturalisés en France et prospèrent sur tout le territoire. Ce robinier faux-acacia fut planté dans les années 1870. En l'observant de près, on constate que son état est préoccupant : il a bien peu de chances d'atteindre les 400 ans, espérance de vie habituelle de cette espèce.

Poursuivons notre chemin à travers le Jardin français vers le Petit Trianon et approchons-nous de l'un des plus beaux arbres de tout le domaine de Versailles. C'est un vieux sophora miraculeusement épargné par la tempête de 1999. Il fut rapporté d'Angleterre en 1764 par Antoine Richard, et chaque année il fleurit abondamment. Le jardinier de Marie-Antoinette l'a probablement planté lors de la création du jardin anglo-chinois vers 1774. Sa circonférence dépasse 6 mètres et il affiche gaillardement 26 mètres de hauteur.

Les sophoras de Chine ont été découverts par le père d'Incarville qui envoya en 1747 le premier spécimen destiné au Jardin du roi à Paris, modeste « Jardin royal des plantes médicinales » sous Louis XIII, devenu le « Jardin du roi », considérablement enrichi et développé (notamment par Buffon entre 1739 et 1788). Ce Jardin du roi fut promu « Muséum national d'histoire naturelle » par la Convention, en 1793.

Proche du sophora, sur la pelouse près du petit lac, se trouve un genévrier de Virginie de dimensions modestes, étayé depuis la tempête de 1999. Les rédacteurs de légendes des anciennes cartes postales datant des années 1900 nomment ce conifère « le vieil arbre ». Il fut planté lorsque l'Empereur ordonna la restauration du parc.

La date d'introduction du genévrier de Virginie en Europe est toujours source de polémiques. William Kerr l'aurait, dit-on, introduit en Angleterre en 1804, alors que le botaniste Linné le décrit très précisément dès 1750, après en avoir vu un spécimen au Jardin du roi de Paris.

Près du portillon d'accès au Jardin de Petit Trianon, un cèdre du Liban qui aurait été planté par Bernard de Jussieu. Le cartel indique 1772 comme année de naissance. Une étude commandée à l'ONF (Office National des Forêts) précise que ce cèdre, après examen approfondi, ne serait âgé que de 167 ans et qu'il aurait germé en 1840. La belle affaire ! Du haut de ses 31 mètres, ces discussions sur son âge exact doivent le faire sourire. D'autant qu'il a pour voisin un catalpa qu'il peut regarder avec un certain dédain, puisque celui-ci ne dépasse pas 10 mètres. Observez son tronc spectaculairement noueux. Normal, cet arbre aurait 150 ans. Le catalpa commun, originaire du Sud-Est des États-Unis, fut introduit en Europe en 1754.

On peut poursuivre la visite en suivant l'allée qui mène en pente douce à l'Orangerie de Trianon. Au centre de la Salle des catalpas trône un *Quercus cerris*. Ce chêne chevelu est né en 1820. Malheureusement, en s'en approchant, on constate que son état est préoccupant. Contrairement au chêne pédonculé, le chêne chevelu vit rarement au-delà de 200 ans.

Traversons l'allée et pénétrons dans ce qu'il est convenu d'appeler les petites montagnes du Belvédère sous lesquelles se trouve la Grotte de Marie-Antoinette. Au-dessus de l'entrée de cette grotte vit un if contemporain de la création des lieux. Sachant qu'un if peut vivre jusqu'à 1 500 ans, celui-ci est relativement jeune…

Il reste encore de très vieux arbres à Trianon. Près de l'Orangerie, non loin des magnolias qui fleurissent en mars et des rhododendrons éclatants dès avril, se trouve un chêne fastigié. Il défie le temps. Contemporain de Louis XV, il a germé en 1768. Sa pousse s'est stabilisée à 30 mètres de hauteur et la circonférence de son tronc à 1 mètre du sol est de 5,13 mètres. Les jardiniers ont constaté depuis quelques années la présence de champignons lignivores, installés le long de ses branches charpentières. Mauvais présage. Ce chêne appelé familièrement « le vieillard » est proche de deux « gamins » à peine centenaires. Ce sont des sophoras pleureurs. Leurs branches tortueuses ne sont pas le fait de jardiniers sculpteurs, leur forme est naturelle. Ils méritent notre admiration.

Le cèdre planté par Jussieu doit sourire quand on évoque son âge !

Ils sont un peu plus jeunes que le séquoia géant installé à proximité en 1876. Un tronc aux dimensions imposantes : 7,40 mètres. Une hauteur de plus de 38 mètres. Une branche extraordinaire qui pique vers le sol et remonte vers le ciel. Un arbre magnifique qui ne craint que la foudre. Pour éviter le pire, plusieurs paratonnerres furent installés à proximité pour détourner la décharge mortelle.

Le Jardin des serres est interdit aux visiteurs. Par la grande porte généralement ouverte, on aperçoit un *Gingko biloba*. On l'appelle souvent arbre aux quarante écus, quelquefois noyer du Japon, parce qu'à l'automne ses feuilles deviennent jaune d'or. Le Gingko biloba fut nommé arbre fossile par Darwin en 1876, il n'était connu que fossilisé. À l'état naturel il aurait été conservé secrètement par des moines bouddhistes qui le cultivaient depuis le xe siècle dans les forêts qui entourent généralement les temples. Découvert au Japon en 1690 par un botaniste allemand, Engelbert Kaemfer, il fut introduit en Angleterre en 1754, puis en Autriche en 1758, et en France en 1778, précisément à Montpellier. Dès 1771, Linné lui donne son nom définitif, à cause de la forme de ses feuilles constituées de deux lobes.

Une légende prétend que l'appellation arbre aux quarante écus – qui ne lui est attribuée, notez-le, qu'en France – vient du prix que paya M. de Périgny, un amateur éclairé, pour cinq plants de cette espèce. Les ayant acquis, il aurait fait cadeau d'un plant au Jardin botanique de Montpellier.

Mais la version retenue par la majorité des historiens est que le premier gingko fut offert à Antoine Gouan, directeur de ce même jardin montpelliérain, par sir Charles Banks, en 1778.

Séquoia géant.

En 1789, on planta des gingkos à Trianon, et en 1820 on leur greffa des rameaux femelles – ces arbres, en effet, sont dioïques, et pour qu'ils puissent se reproduire, il faut un pied mâle et un pied femelle. Avant cette découverte, le gingko n'était multiplié que par marcottage, technique consistant à enterrer une branche basse pour qu'elle s'enracine. Quand la branche est enracinée, on la sépare du pied mère pour la replanter ailleurs. Le gingko peut atteindre 40 mètres de hauteur. On dit que cet arbre a survécu à la bombe atomique de Hiroshima. Légende ou réalité ? Quoi qu'il en soit, celui de Trianon fut détruit par la foudre en 1960.

Toujours derrière les murs du Jardin des serres, une aubépine âgée de plus de 250 ans, véritablement somptueuse lors de la floraison. Et des trésors, hors de notre vue, camouflés... Notamment une collection de houx d'une quarantaine d'espèces, ainsi qu'un hêtre à feuilles laciniées (découpées), un plaqueminier et un laurier du Caucase, tous trois centenaires.

En quittant l'Orangerie de Trianon pour se rendre au Hameau de la reine, on peut apercevoir, sur la droite, un étrange petit arbre aux branches tortueuses : c'est un fau de Verzy greffé sur un hêtre tortueux. Son feuillage forme

Le platane « pied d'éléphant ».

une sorte de cabane enchanteresse pour les enfants qui viennent chaque année apprendre à jardiner dans le petit espace qui leur est réservé. Ce *Fagus sylvatica tortuosa* est un jeune octogénaire.

Observez le hêtre pourpre sur le talus en direction de Petit Trianon. Son feuillage est superbe, rouge au printemps, presque noir à l'automne. Ce sujet, vieux de 230 ans, est malade ; des champignons sont installés sur sa souche ; il n'atteindra pas 300 ans, espérance de vie de ses semblables. Le hêtre pourpre est une espèce récente, introduite en France vers 1680. Bien que d'origine forestière, il est rarement implanté dans les forêts.

Arrivé au Hameau, sur la pelouse derrière le Moulin, on se trouve devant un arbre exceptionnel, un platane hybride. Une souche gigantesque, 7 mètres de circonférence à 1 mètre du sol. C'est un platane planté en 1798, sous le Directoire.

Son aspect « pied d'éléphant », nous le savons, n'est pas la conséquence d'une greffe. Il peut être le fait d'une réaction naturelle de l'arbre en présence d'un sol trop compact. Autre hypothèse : un apport de terre à sa base durant les premières années de son existence serait à l'origine de cet empattement extraordinaire.

Près de la Laiterie se trouve un vieux tilleul dont le cartel précise qu'il est contemporain de la création des lieux, autrement dit entre 1783 et 1787. Lui aussi est en très mauvais état, et ses jours sont malheureusement comptés.

En bordure de l'étang du lac, un cyprès chauve se distingue par ses racines aériennes (ou pneumatophores) qui lui permettent de se maintenir et de respirer dans un site souvent inondé. Difficile d'évaluer avec précision l'âge de ce conifère à feuilles caduques, il pourrait avoir été planté peu après 1802, année de l'introduction de l'espèce en France.

Dans le bosquet du Temple de l'Amour, un mélèze subsiste, rescapé des vents meurtriers de 1999. Des signes de dépérissement sont apparus récemment ; il est à craindre que ce *Larix decidua* âgé d'à peine 130 ans n'atteigne pas les 500 ans habituels à ses congénères.

Dans le Jardin anglais champêtre et au Hameau de la reine poussent des ifs et des buis. Ils sont généralement plus que centenaires, et certains d'entre eux sont contemporains de Louis XV.

Quand on entre à Versailles par la porte Saint-Antoine, immédiatement à gauche, devant la grande pelouse réservée aux jeux des enfants, on peut voir un marronnier à feuilles laciniées et au port légèrement retombant (*Laciniata pendula)* : une curiosité botanique qu'on utilise assez peu dans les parcs et jardins, et c'est bien dommage. ■

Chapitre 6

Tempêtes à Versailles

Tempêtes à Versailles

Dans ce chapitre, nous allons aborder les événements climatiques qui ont bouleversé le Grand Parc et les différents jardins du domaine de Versailles.

La plus récente des tempêtes, celle du 26 décembre 1999, a bouleversé le monde entier ; d'autres, au cours de l'histoire de France, tout aussi terribles, auraient créé le même choc si la télévision et la presse avaient existé. Cette tempête de 1999 aura au moins permis de lancer des appels à la charité publique pour que la replantation s'organise dans les meilleurs délais et à moindres frais. Les Américains, toujours sollicités pour remettre en état notre domaine national – merci, M. de La Fayette –, n'ont pas manqué, une fois encore, de se mobiliser pour nous envoyer quelques spécimens d'arbres qui étaient tombés ce jour-là. Nous reviendrons plus loin sur cet événement.

Est-ce que le domaine de Versailles a su utiliser la tempête comme il était opportun de le faire pour rajeunir les plantations, voire même les renouveler ? Pour introduire de nouvelles variétés saines ? On sonne l'alerte, on évoque la fin du monde, les grands froids affolent, les sécheresses bouleversent ; les écologistes sont sur le pont, les politiques en

Dégâts dans le parc du château, 26 décembre 1999.

profitent pour brandir le spectre des promesses ; pourtant, ces phénomènes climatiques existent depuis que le monde est monde – et la France n'est pas épargnée.

Mais revenons à ce qui s'est passé à Versailles depuis le début de notre ouvrage.

Quand Louis XIII s'est intéressé au domaine de Versailles, la ferme de La Bretonnière, proche des premiers bâtiments qu'il a fait édifier, fut anéantie par un terrible coup de vent. On sait – les textes sont là pour le prouver – que, le 7 juillet 1697, en plein été, une violente tempête sévit à Versailles et dans la région, avec des vents d'une telle puissance qu'ils cassent les branches et déracinent les arbres. On rapporte également que, le 2 février 1701, en plein hiver, des vents dévastateurs font sauter les arbres comme des brindilles.

Les écologistes ont-ils oublié les températures particulièrement rigoureuses de janvier et février 1709, six ans avant la mort de Louis XIV ? Selon le témoignage de la princesse Palatine, belle-sœur du roi : « Rien qu'à Paris, il est mort 24 000 hommes, femmes et enfants du 5 janvier à ce jour » (7 février). Et ce chiffre ne concerne que Paris… On imagine l'étendue du désastre. Certains jours, le thermomètre frôle les – 20 et même les – 24 °C. Pratiquement aucun moyen de chauffage. La vie publique cesse, les populations modestes ou aisées ne sortent plus de chez elles, la Seine est prise par les glaces, les oiseaux tombent en plein vol, gelés. Nous n'avons tout de même pas vécu des événements aussi dramatiques depuis cette époque.

Pendant l'hiver 1730-1731, nous savons qu'à Versailles le froid était si intense qu'il occasionna dans les jardins des pertes irréparables. Trois semaines, voire deux mois, de gel ininterrompu : des conditions climatiques que nous ne connaissons plus dans nos contrées. Le gel assassinait les jeunes végétaux, les plus sensibles, évidemment ; le poids de la glace sur les branches, même les plus grosses, entraînait des dégâts considérables, elles se brisaient, se fissuraient – et lorsque la glace est prise dans l'arbre, il a peu chance de survivre. L'hiver fut suivi d'une sécheresse si grave qu'il a fallu faire venir des provinces françaises neuf millions de bottes de paille pour pourvoir à l'alimentation des chevaux à Versailles et à Paris. Cela nous rappelle des événement récents, quand sur les routes on voyait des camions de paille transporter des ballots de paille des provinces épargnées vers les régions touchées, pour nourrir un bétail qui aurait dû être alimenté par de l'herbe fraîche.

Pendant l'hiver 1709, 24 000 hommes, femmes et enfants meurent de froid

Ces conditions climatiques interviennent assez régulièrement puisque, en 1740, dès le 5 janvier, le gel est installé sur tout le territoire, et la Seine prise dans les glaces. Le vent soulève les toitures des maisons. Avec le dégel, le 21 janvier, la Seine déborde, Paris et sa région sont inondés.

Nous savons par Duhamel du Monceau que l'hiver de 1754 a fait périr beaucoup d'arbres.

Les années se suivent et apparemment se ressemblent, à Versailles. En 1760, l'hiver fut catastrophique pour les végétaux, le 10 janvier de cette même année, il fait aussi froid qu'en 1740, et presque aussi froid qu'en 1709, 1709 étant considérée, en 1768, comme l'année la plus froide du siècle.

Les catastrophes ne s'arrêtent pas là. En 1776, si nous n'avons pas de textes pour relater les événements climatiques, nous avons deux tableaux d'Hubert Robert, peints cette année-là, témoignage de l'état d'abandon du jardin après le passage récent d'une tempête. On voit les bancs brisés, les statues endommagées, les arbres étêtés, preuve que l'ensemble des arbres et bosquets du domaine n'étaient pas entretenus ni les plantations régénérées.

Un siècle plus tard, en 1871, nous avons trace d'un ouragan d'une rare puissance qui renversa, dit-on, une grande partie des arbres de l'allée Royale, qu'on appelle aussi le Tapis vert. Miraculeusement, aucune statue, aucun vase, aucun banc n'ont été brisés par leur chute. La Commune avait bien d'autres préoccupations que la réhabilitation du parc. Le bois mort fut récupéré par les plus pauvres pour se chauffer. En 1879, le chêne de Gibraltar qui fut rapporté et planté dans le parc du Petit Trianon par Richard, le jardinier de Marie-Antoinette, ne résiste pas au froid et il meurt en 1880 – il avait pourtant survécu aux gels de 1871.

Au cours des siècles, la terminologie évolue pour qualifier les drames climatiques qui s'abattent sur Versailles.

On a d'abord parlé de tempêtes, ensuite on évoque des ouragans, et maintenant des cyclones pour évoquer la tempête d'une extrême violence qui s'est abattue sur la pièce d'eau des Suisses.

Les documents qui nous permettent d'apprécier l'ampleur des dégâts sont essentiellement les actes d'achat des végétaux destinés à la replantation. On peut aussi quelquefois trouver dans les archives des récits précis qui nous permettent d'appréhender la violence des tempêtes.

Abattage des arbres durant l'hiver 1774-1775. Huile sur toile d'Hubert Robert (1775).

Ainsi, dans la revue *Versailles illustré* du 19 mai 1890, on peut lire : « À 17 h 55, un cyclone, qui aurait pris naissance à la hauteur de la Pièce d'Eau des Suisses, alors qu'aucune trace de son passage n'a été relevée dans les bois de Satory qui entourent une partie du domaine de Versailles, a pénétré dans la Grande Orangerie, fauchant les orangers sortis la veille, renversant les caisses en bois et en fer qui les contenaient ; dans l'allée bordant le bâtiment, il fracassa et réduisit en miettes plusieurs arbres, dont les énormes débris s'abattirent sur le Cabinet du Point du Jour, à l'extrémité du parterre du Midi. L'un des arbres en tombant déplaça de plus de 40 centimètres l'un des groupes d'animaux, œuvre du sculpteur Houzeau, sans, fort heureusement, causer de dommages à cette magnifique sculpture. Le cyclone poursuivit sa course en droite ligne, en direction du bassin de Neptune, franchit la terrasse du château, arracha plusieurs arbres en face de l'Allée des Ifs, aux abords et à l'intérieur du Bosquet des Bains d'Apollon, brisant au passage la statue d'Isocrate, de Garnier. Dans sa randonnée dévastatrice, il saccagea l'Allée des Trois Fontaines, s'acharnant sur le Bosquet des Trois Fontaines et le Bassin de Neptune. Là, il déracina plusieurs arbres qui, entremêlés, se précipitèrent sur un très vieux sujet, énorme et gigantesque, contraint de se coucher sous la violence du choc. Enfin privé d'énergie, le tourbillon s'évanouit». Qui peut imaginer de pareilles catastrophes? Sûrement pas les jardiniers, d'autant que la situation du domaine de Versailles est un peu particulière : la Beauce est relativement proche et elle offre peu de couvert végétal lorsque les grands vents d'ouest se lèvent.

À Versailles, cyclones, ouragans, tempêtes n'ont pas tous été médiatisés

Il est bon de faire la part des choses entre les divers récits car il est difficile d'évaluer l'intensité d'une tempête, le phénomène étant cyclique et spontané. Heureusement, la mémoire joue en notre faveur. Quand on évoque des événements récents comme le terrible froid du 10 au 20 février 1985, nous savons, de mémoire de jardinier, que les ravages furent considérables, et le nombre d'arbres détruits fut précisément répertorié. Les vents très violents de 1990 ont cassé 1 800 sujets. La tempête du 26 décembre 1999 a détruit plus de 18 000 arbres. Tous les secteurs du domaine furent touchés. Dans les Jardins du roi, la Salle de Bal a perdu 37 arbres, le bosquet de la Reine 53, les Bains d'Apollon 144, le bosquet de l'Etoile 231, le bosquet du Rond vert 325, le jardin du Roi (ex-Île royale) 132, le bosquet de l'Obélisque 149, la pièce d'eau des Suisses 221 platanes.

Dans le Grand Parc, les dégâts sont moindres mais restent considérables : l'Étoile royale perd 255 peupliers, dans les bosquets plus de 10 000 chênes, frênes, robiniers, marronniers, peupliers, tilleuls sont cassés ou arrachés.

Le Grand Trianon est dévasté : plus de 600 arbres sont jetés à terre aux avant-cours, 200 dans les bosquets près de la Flottille et 700 sur les parterres et dans le parc du Grand Trianon. Dans le jardin du Petit Trianon, plus de 1 400 arbres jonchaient le sol. C'est probablement sur le jardin champêtre que les dégâts botaniques furent les plus importants. Tous les vieux cèdres sont à terre et deux siècles d'histoire s'effacent. Des thuyas centenaires, de nombreux ifs, de vénérables frênes, des hêtres, des buis majestueux, le tulipier de la Reine, un genévrier et un pin planté sous Napoléon Ier s'écroulent.

La tempête de 1999 a épargné de nombreux vieux sujets, notamment le chêne de Marie-Antoinette qui était né

Dégâts dans un bassin du château, 26 décembre 1999.

en 1682 et atteignait 35 mètres de hauteur. Malheureusement, la canicule d'août 2003 lui a été fatale. La légende prétend que la reine aimait se reposer sous son feuillage, et l'appellation « chêne de Marie-Antoinette » lui fut donnée dans des guides des années 1900 qui précisaient son emplacement. La chance, toujours la chance, même au milieu des tempêtes et des canicules, veut que, non loin de sa souche, prospère un autre chêne aux dimensions respectables : 5,25 mètres de circonférence et une hauteur de 36 mètres. Il a germé en 1668 et il est aujourd'hui le doyen des arbres de Versailles. Il est installé à quelques mètres de l'allée de la Reine, dans les avant-cours de Grand Trianon.

Pourquoi autant de pertes en 1999 ? Outre que les arbres déracinés et cassés sont morts, ils ont, en tombant, endommagé d'autres spécimens au point de les condamner à être abattus.

Encore faut-il appréhender les risques à venir. Les arbres qui sont restés debout, ceux qui n'ont pas souffert, se trouvent isolés alors qu'ils vivaient entourés, en bosquet ou en sous-bois. Ils se trouvent en prise directe avec le vent ou le soleil. Certains grillent, d'autres ne surmontent pas l'épreuve de la solitude.

Si on connaît avec une certaine précision le nombre d'arbres (18 000) détruits pas cette tempête de 1999, on sait également que la replantation porte sur 40 000 arbres : il faut non seulement remplacer les sujets anéantis mais encore harmoniser les alignements. Ce qui implique d'abattre les survivants de l'environnement immédiat et de replanter la totalité de ceux qui existaient dans les décennies précédentes.

La souche du tulipier de Marie-Antoinette.

La tempête de 1999 a permis une réflexion que les jardiniers et les conservateurs n'avaient pas menée auparavant. Cette réflexion porte sur les essences et sur les systèmes racinaires. Fallait-il reconstituer le patrimoine végétal à l'identique ou replanter dans le même style des variétés différentes ? Un problème se posait avec les ormes. Replanter avec de mêmes espèces représente un risque considérable pour l'avenir et pour l'ensemble du domaine. Il fut donc décidé de multiplier les différentes essences d'arbres, notamment dans les alignements, pour éviter une contamination générale. D'où la préférence donnée aux hêtres, peupliers et marronniers, même si ces

Les dégâts près du Temple de l'Amour au Petit Trianon, 21 janvier 2000.

derniers sont des espèces récentes à Versailles, à l'exception du Tapis vert dont les alignements étaient dès l'origine plantés de marronniers.

La tempête doit être considérée comme un élément positif : elle a permis de faire la démonstration qu'un végétal qui se développe spontanément a un enracinement supérieur à celui d'un végétal planté. Ainsi, les jardiniers privilégient le semis naturel pour la replantation des bosquets du Grand Parc qui constituent un écran végétal très protecteur.

Le système racinaire fut également un sujet de réflexion. La conclusion est qu'il est difficile d'opter pour un système racinaire plutôt qu'un autre, notamment à Versailles, car la terre qui recouvre le domaine est peu épaisse, elle laisse très rapidement apparaître du sable. Il a donc été choisi des végétaux aux racines traçantes pour obtenir un meilleur maintien dans le sol. Cette réflexion ne peut pas être généralisée car le principe des racines superficielles n'est pas valable pour des arbres isolés.

En dépit de toutes ces réflexions et des mesures préventives qui ont été mises en place, nul ne peut empêcher un cèdre planté dans le jardin de la Reine ou ailleurs d'être arraché si le vent en a la force nécessaire. Peu importe le couvert, peu importe sa situation, peu importe le système racinaire, ce sont les éléments qui font la loi. ■

Les dégâts au bosquet du Rond Vert, 21 janvier 2000.

Table

Crédits photographiques

Toutes les photographies de l'ouvrage sont © Eric Morin, sauf les documents ci-dessous.

pp.6 © Photo RMN-Gérard Blot (reprises pp.7, 8, 9), 10 © Jean-Claude Varga/Keystone France/Eyedea, 13 © Photo RMN-Gérard Blot, 18 © Photo RMN-Gérard Blot, 20 © Photo RMN-Gérard Blot, 23 © Photo RMN-Hervé Lewandowski, 42-43 © Photo RMN-Gérard Blot (reprises pp. 44, 45), 52 © Jean-Baptiste Leroux/Jacana/Eyedea (reprise p. 53), 69 © Musée du Petit Palais/Roger-Viollet, 89 © Photo RMN-Hervé Lewandowski, 91 © Jean-Baptiste Leroux/Jacana/Eyedea, 96-97 © Photo RMN-Gérard Blot (reprises pp. 98, 99), 101 © Photo RMN-Gérard Blot, 105 © akg-images/Erich Lessing, 112-113 © Photo RMN-Hervé Lewandowski, 123 haut © Photo RMN-Hervé Lewandowski, 132-133 © Sylvain Grandadam/Hoa-Qui/Eyedea (reprises pp. 134, 135), 139 © Jarry-Tripelon/Top/Eyedea, 144 © Jean-Baptiste Leroux/Jacana/Eyedea, 150 © Private Collection, The Stapleton Collection/Bridgeman Giraudon, 155 © Jean-Baptiste Leroux/Jacana/Eyedea, 158 © Jean-Baptiste Leroux/Jacana/Eyedea (reprises pp. 159, 160, 161), 162-163 © Photo RMN-Hervé Lewandowski (reprises pp. 164, 165), 169 © Gérald Morand-Grahame/Hoa-Qui/Eyedea, 177 © Jean-Baptiste Leroux/Jacana/Eyedea, 186-187 © Photo RMN-Droits réservés (reprises pp. 188, 189), 212-213 © Alain Baraton, 228 © akg-images, 240-241 © Leemage (reprises pp. 242, 243), 302-303 © Pascal Le Segretain/Corbis Sygma (reprises pp. 304, 305), 309 © akg-images, 311 © Pascal Le Segretain/Corbis Sygma, 314 © Pascal Le Segretain/Corbis Sygma, 315 © Pascal Le Segretain/Corbis Sygma

Suivi éditorial et recherche iconographique : Grégory Berthier-Gabrièle

Maquette et mise en page : Nord Compo, Villeneuve d'Ascq
N° d'édition : 14199
Imprimé en France
Dépôt légal : juin 2007
Achevé d'imprimer : août 2007